팔베개

이규철

두 번째 시집

도서출판 청산에

처음에 붙여

1.

시를 쓴다는 것이

먼 뒷날

국화꽃마저 시들어
거무스레한 땅 빛에 묻혀들 가는 시월막사리 즈음

뜻밖에도
속 깊게 드리운 늦은 오후의 햇살이 잠시 들른
길모퉁이 헌책방 유리문 안
그제야 모습 겨우 비치는 서가 맨 아랫단쯤

비록 먼지 더께로 쌓여 있을지언정
여전히 쓴다는 것이

내던지지 못하고

2.

봄빛은
- 아내의 가르침

산수유 어깨 너머
느티나무 봄빛이
눈 맑은 이의 눈에 비치는 까닭을

3.

공주사범대학교 문학동아리 "한누리"부터 줄곧 같이하며
보잘것없는 시편들을 또다시 묶도록 칭찬과 격려를 아끼지 않았던
고(故) 정두성 문우(文友)를 그리며

2025년 9월
이규철

차 례

처음에 붙여   2

I

뭉게구름이   10
민들레   11
강아지풀   12
갯땅에서   13
겨울 민들레   14
괜한 눈물   16
그냥 떠가는   17
기도(祈禱)   18
길손   19
꽃보다 이쁘다지요   20
꽃샘추위를 꿈꾸며   21
비 오시는 날   22
서해 군도(西海 群島)   23
처음   24
가로수   25
나이들수록 - 묵언(默言)   26
돌아온 뒤로   27
구운몽(九雲夢)   28
매듭   30
어떤 슬픔에 대하여   32
온 삶을 다해 피는 꽃들이   34
한탄강 오월   35
사랑 타령   36
찔레꽃   38
여울목 낙엽   40

II

팔베개	42
곁길	43
석불(石佛)	44
시경(時經) 한 줄	46
독백(獨白)	48
보길도(甫吉島)	49
치악산(雉嶽山)	50
눈물이	52
있는 그대로일 뿐인데	54
장마라는데	56
둥지	58
입때껏 뭐했는지	60
요양원 가기로 한 날	62
발돋움의 기억이	64
사모곡(思母曲)	65
나비의 꿈	66
이와 같이 들었습니다(如是我聞)	68
삼매(三昧)	70
문(門)	71
물결 잦아들면 보이는	72
한 올 그늘 없이 떠가는 나무여	74
빈집	76
우화등선(羽化登仙)	78
겨울잠	80

III

감꽃	82
동상(銅像)	83
원추리	84
파리	85
내일이 없듯	86
노동절(勞動節) 목탄 크로키(croquis)	88
망초, 개망초의 독립운동사(獨立運動史)	91
다 바랜 편지처럼	92
더듬거리지는 말자며	94
봄동과 잡석(雜石)	96
면접	97
빈털터리 된 뒤로	98
잇몸	100
사관(史觀)	102
환승역에서 - 도시의 산물(産物)	105
뒤척이기만 한들	106
새가 울더냐며	108
술값	110
탁본(拓本)	112
토성(土城)이 무너지듯	114
대화편(對話篇), 딱 여기까지만	116
부용화에 걸린 기억들에 대하여	118
비행(飛行)	120
헛꽃 유폐(幽閉)	122
식객(食客)들의 꽃 잔치	124
진경산수(眞景山水) 속 잡풀	126
여느 입춘방(立春榜)보다	128

IV

빈손	132
풍경(風磬) 소리	133
배롱나무	134
물봉선	135
독서(讀書)	136
설해목(雪害木)	137
보리암(菩提庵)	138
이후(以後)의 잠	139
오늘	140
버스정류장	142
헤어지며	143
그리 떠나들 가십니까	144
공주(公州)	145
북어 껍질	146
달마도(達磨圖)	148
가야산(伽倻山)	149
구겨진 구두	150
노고단 그 후	152
한가위 가르침	154
선릉역 지나치며	156
툇마루 늙은 호박	158
전(煎)	159
참나리	160
으름	162
편지	163
최욱경 선생 추모전을 - 오래전이었지만	164
폭우(暴雨)의 끝자리	166
해설	그림자 속을 걷는 고독한 존재의 기억 / 박수찬	167

I

뭉게구름이

누구에게도 묻지 않았고
물어본 적 없어서

흔히들 태곳적부터라지만

아예 물어본 적 없을 시원(始原)
그 하찮은 물음에 대해서

새삼 일깨우는 까닭이

고작 사랑 따위
이제 눈가 짓무른 사랑
흔하디흔한
동식물 우주 아니 검은 별 암흑 따위도 말고

뭉게구름이
저 언덕에 머문 적 없었냐고 묻는
바보짓 말고

뭉게구름이

민들레

가기는 가는데
급하게 편지를 쓴다

차창 너머
맨날 지나치는 먼 산이 이리도
가까운데

편지를 읽다가 잠시 내려야 했다

이름조차 아뜩하여
몰랐던

첫사랑을

강아지풀

늘 흔들 시방도

깜냥 없이 흔들리는
누구를 탓하랴만

밑도 끝도 없이 제멋대로 흔들리는

딛고 선 채 서성인 적 없었다지만

매번 눈물
주르륵 눈물일지라도

바람결에 날리고는

저어그 텅 빈 낮달처럼

갯땅에서

처음
기억이 없을 리가 없지만

자못 그리워
애써 기억하지 못함이 아니라
나이를 먹어 가도 그 모습 여전할 터

기다리는 대설(大雪)은 언제고 그렇다지만

겨울 깊어지기에 아직은 이른가
어둑해지는 노을에 갇힐 때쯤에야
때늦게 차오르는 만조(滿潮) 바다 위
희끗희끗 진눈깨비 날리고

허청허청 떠듬거리다가
괜스레 처진 어깨 쭈뼛 세워 보는
주린 갈매기처럼
허구한 날 서성서성 기웃거린들
여전히 비어있을 뿐인데

아예 주려 죽을지라도
처음 만난 모습을 잊을까

갯가 서성이며
바람에 주억거리는 마른 갈대들처럼

겨울 민들레

돌아서서 보니
걷고 있더군

마른 잎 구르듯 마냥 홀로

세월 지나서 이제는
가로수 그늘조차 기웃거리지 않는데
언뜻 말꼬리 흐리듯 그렇게 걸으며

소식을 물었는지
굳이 같이 가고 싶었는지는
늘 미리 취해 머뭇거리는 버릇 여전하여
딱히 들어본 적 없었지만

오늘부터는 그냥 먼저 간다며

다 떨군 가지 사이
싱겁게 멀쑥한 하늘 낯부끄러웠는지

모자(帽子)부터 하나씩
외투(外套)도 벗어 버리지만

외투 속 자취조차 없을
첫사랑이 앞다퉈 먼저라며

가기는 가는데
시린 바람도 모를 뿐

민들레인 줄
누가 알겠느냐며

괜한 눈물

날마다 다른 하늘을

마냥 쳐다본들 떠가는 물빛 노을 탓이거니

가던 길
바로 내려서서 바라본 적 있었는지

물어본 적 없었듯
되짚어 본 적 없었지만

지금껏 살아온 풍경 중

이유는 모르지만
까치밥 대신 삭풍 걸린 그 자리처럼

내내 그 자리를

세상살이에 숙명이 있으랴
길섶 겨울 민들레처럼
흐느끼는 바람 속 서성이다가

바람 가던 길
문득 멈추어 선

괜한 눈물이야 그러려니 하면서도

그냥 떠가는

원래는 그래
지금이나 내일도 잘은 모른다고 할 수도 있지 늘 그랬듯

세월이 흐르고 이별 따위가 헐거워
이제는 흐르는 나를 물처럼 보낼 수 있을까

더듬어 짐짓 나뭇잎 배든 종이배이든 그저 어느 행성
가본 적 없어서인가, 쓸쓸할지도 모를 등 뒤처럼 바라본 적 없을 가본 적 없을

아마 그림자 이거나 그림자
상상 속 제아무리 꿈속 손 뻗으면 마주했던 손이라 해도
그냥 나뭇잎 떠가는
흔들흔들 개울물 비치어 눈감아도 늘 눈부셔 아른거리는

기도(祈禱)

절실하죠

서릿발처럼 찾아와서는

엉거주춤 서성이다가

철새들 길 떠나고야

질척거리던 길바닥처럼

빈 들녘이

사립문 닫아두고 맞이하던

그늘조차 찾을 수 없던 달빛을

길손

떠나는 것보다 쉬운 것이 있으랴
더러는 아니 매번 헤어지고 떠나는 것인데

익숙함이 가지고 있는
낯선 두려움이나 괜한 걱정 따위도 그렇지만

언제고 내 것이어야 하는
헛된 질투에 눈 감지 않는다면
애써 숨기지 않아도
산자락에 하얗게 흐드러진 찔레꽃부터
홀로 마주할 수 있으련만

연연할수록
애달프기 짝이 없는 모습 흐릿해질 뿐

석양 비치는 울타리 안쪽일지라도
노을빛이 붉어야 꽃그늘 선연하듯이

물비늘이 눈부신 까닭처럼
산기슭을 따라 오르며 하얗게 핀 싸리꽃
매번 낯설어서 반갑게 또 지나치듯

어디로 떠나버리고는 하는 것인데

사람 섞이는 것이 인연 탓만이랴 하며

꽃보다 이쁘다지요

꽃 보듯 봐야지요
욕심 없이요

살아생전 꽃이 지천인데
꼭 그 이름
불러주지 않아도

덤불 속 휘파람새 울음소리
간간이 만 울려도

돌이켜보면
쪽창만 한 그리움을 되새긴들
물속에서 들어본 빗소리처럼
꿈결에 들린 인기척이었는지요

새털구름 지나가고
어느 땐 환하게 비치다가
후드득 빗방울
눈물 모양 구르듯

불러주지 않아도
각시풀이야 지천이듯이요

꽃샘추위를 꿈꾸며

버리라고

앙상하니 말라비틀어진 가지마다 꺾이다 부러지다
골수마저 메마른 가지 차가운 마른바람 거친 손짓들 너머
흔들리는 가지마다 흘리는 노을, 지는 노을마저 흘려버리라고
노을을 담아내던 가지 끝에 결국 어둠이 갇히겠지만
창살보다 높다랗게 꿈꾸며 내달리는 앙상한 가지마다 어둠이 갇히겠지만
버리고 가는 길
노을도 갈는지

어둠이 탄식처럼 발끝에 덮여도 버리고 돌아가는 길

모든 가로수 들깨우지 않아도
별빛처럼 당연하게
어둠 가득한 거리를 되짚어 꺼진 가로수들 들깨우지 않아도

다시 노을이 지고

비 오시는 날

우산을 끼고 다녀도
늘 어느 쪽이든 젖고 싶은 날

비라도 오시지 않는다면

필요 없다며
날이 개었든 여전히 추적거리든

젖어 있어도 잊고 마는

서툰 날갯짓이
날고 싶어서가 아니라

젖어야 비로소 푸르르 빗물 털어내듯

그래도 쏙 날아오른다지만

비 그친 어둠 더듬어
찾아가는

새 울음 잠긴 집인들

서해 군도(西海 群島)

잠든
마애불(磨崖佛) 발꿈치 뒤로
슬그머니
섬 능선 오르다가 언젠지
멈춰 선

저 혼자 담을 수 없어라

노을조차 머문 빛깔

그 못된 그리움이

미친 듯 웁디다요

처음

봄꽃들이 저마다 꽃인 줄 모를까마는
게다가 누구든 낯익은데 행여 늦어질까마는

그 편한 마치 긴 그늘 같다지만
눈 뜨면 손잡아 이끄는 봄

봄이기에
지난봄처럼 아마 말도 잊었을 테고

가장 긴 말 없음이
끝내 먼저 다가가서 마음을 훔치듯

화사한 햇살지기 옆집
비스듬한 계단 모퉁이에
묵은 땟국 같은 이끼 위
노란 송홧가루처럼

뭘 하든 하겠지만
처음으로 취했다는 말이 언제였을까

다들 알고 있다지만
아무리 더듬어 보아도 모르겠으니

어느새 망초꽃이듯
드문드문 떨어지는 빗방울 같은

가로수

살다 보니
뒤늦은 사랑에 대해 묻는다면

길거리 뒹구는 낙엽이 누구이든

정책 따라 가로수도 바뀐다지만
이팝이든 양버즘나무이든

은행나무야 흔했던 것 아닌가 하지 말고
그냥 나무

옷깃 세우거나 때 이른 찬바람이거나

시린 비 추적거리는 늦가을
빈 객담(客談) 같은 낙엽이라며

나이들수록
- 묵언(默言)

올갱잇국 한술 뜨다가

서늘한 하오
오가는 그림자조차 멈춘 즈음
바람벽 그늘만 서성이는 느지막이

불편하거나 두드러기처럼 껄끄럽지도 않았습니다

나누기에는 모양새 없는 상이지만
마주하는 이 없어서가 아니라

텅 빈 개울 바닥 같은데
올갱이 찾듯이 물결 멈추어야 보이려나

엉거주춤 가려도 보고
변명이거니 하다가도
텅 빈 개울 바닥처럼 내가 멈추어야 보이려나
기껏 손바닥으로 눈을 가립니다만

돌아온 뒤로

발밑 밟히는 삭정이뿐이랴

바닷가 곰솔 가지에 맺힌 바람 후드득 떨어지듯

거친 바람결에 모두 날아가고

속절없는 꽃샘 냉방(冷房)
이불 겹겹 뒤집어쓰고 기다렸다 하는데

칼바람 속

구름 그늘마저 사라지고

썰물 물결조차 웅웅거리는 하늘가

깊숙이 잦아들어 다시 먼바다를 그리는

구운몽(九雲夢)

오락가락 늦장마도 끝이라지만
어느 순간 짜락 빗줄기 쏟아져
무심코 지하철을 탔는데

도심 외곽 지상으로 올라오니
빗발 뜨음해져

차창 건너 먼 산 모습
언뜻 잡히려나 다가선들

물안개 마주하듯
외려 잊히지 않아 매양 꿈속인데

지나치는 산마루
멀어져도 빈자리에 앉질 못하다가

이제 지하로 들어가 그제야 앉았지만

마주한 적 없는 건너편 눈길 옆으로
반드시 정해진 틈새마다 문이 열리고

어느새
틈새마다 내리고 타는 이 드물어
텅 비어가는 열차 안 가운데

뜨겁게 뜨겁게 귓불이 달궈질수록

오뉴월 뙤약볕 아래 텅 빈 마당처럼

내리지 못하고 지나치는 꿈속을

혼자서

매듭

보기보다는 거대한 도심이죠

강아지풀처럼
애기똥풀처럼

어느새 비가 제법 세찬데
가로수 아래 이유는 모르겠지만
도심
보도블록 틈새에
흔들리는 강아지풀

우산이 가릴 수 있는
어깻죽지가 어느 쪽일지
우산 잡은 손 지레 바꾸어도 보지만

세찬 비 탓이런가 다 젖어
쏟아지는 비 고스란히 맞고 서 있는 강아지풀 바라보다가

자식들 어려서
외려 자식에게 배웠던 애기똥풀
다 잊었는지 생각조차 없었는데

엊그제처럼
그만 접어 떠나보내고 싶은
접어도 빗줄기 속 여전히 흔들흔들
다 적시는 빗줄기 속 강아지풀 때문에

어떤 슬픔에 대하여

산머리
바라보면 그대로인데

꿈속 산길이 어딘지 모르면서도

산길인 듯 오르다 좌초했던 꿈결 속
눈바람 흩어지던 구름 위든

바위너설 어설펐던 기억 조각들이든

욕심껏 내닫다가 지쳐서
뒤늦게 끓어오르던 늦은 땟거리 밥물만큼이든

돌이켜 보면 그만저만하지만
어느 위대한 산악인의 행로(行路) 따위는 걷어치우더라도

습관처럼 신앙처럼
텐산이든 코카서스산맥이든 순하디순한 산골
사람도 낮추어 함께 살아가는 산속을 한결같이 꿈꾸고 있지만

그때그때 여기저기 계절 수없이 바뀐들

여전히 얼뜬 속을 아무리 비집어 보아도
그렁그렁 산노을 물들이다가 일순 어둠에 묻히고 마는데

산에서 내려오는 길마저 지워버리고
산중 나무마다 바람이 깃들어 있듯이 다시
산으로 떠나면 찾을 수 없을 꿈속 산길이

어디, 그리움뿐이겠습니까

온 삶을 다해 피는 꽃들이

꽃들이 다 그러하지만

구경꾼 하나 없어도
온 생애를 다하듯 흔들며 피는 꽃이 보기에 흔하랴

꽃말이 없는 꽃이 있을까만은
압화(押花)처럼 갇혀 말라비틀어진 껍데기든
새벽녘 일터로 나서는 길 샛별 같은 이름이든
때만 되면 먼지구름 구경꾼들 속 흩날리는 꽃잎이든

무성한 꽃말 속에 살아 숨 쉬는 꽃이 있을까만은
다들 그렇게 피고 지듯이 눈길조차 준 적 없듯

갈 때를 알아서가 아니라
어느 봄날
별 무리 쏟아진 듯 꽃을 피우다가
모두들 잠든 밤
부슬거리며 봄비라도 내리면 어느새
짓무른 물기로 추적추적 다하다가도
울타리든 길가, 도롯가든
다시 피어나듯 푸른 잎 물결 설레는

언제는 잡것들이었느냐며
꽃말이 가리는 이름 따위 돌려보내고
봄날 온 삶을 흔들듯 피어나는 개나리꽃들처럼

한탄강 오월

모두 떠난 줄 몰랐어.
들창에 갇힌 그믐달처럼 덩그러니 홀로

그물로는 결코 건져 올릴 수 없는
일렁이는 햇살 물결처럼 거기 있을 줄 알았어.

온종일 바라봐야
그림자 두엇 지나가는 남루한 다리 위로
봄가뭄 흙먼지만 휘휘 날리는 것을

혹시나 하고 시외버스 정류장에 나갔던 길

꽹과리 대신
양은 쟁반으로 풍물 치던 서넛 한옆으로

소리 없는 물무늬 바람결 꽃잎 흩날리며

저 홀로이
길고 긴 세월 묵었을 나무 모양

소쩍새 울음 밤새도록 뒤척이는 오월(五月)

사랑 타령

일렁이는
계절 순환처럼
누구나 못하거늘

못났다는 쇠비름조차
들녘 여기저기 기웃거리는데

사랑한 적 있는지
사랑해서 미친 적 있는지
예라
살다 간 작자(作者)들 가운데
그립다며 제대로 터져버린 작자 누구고

몸부림 스스로
목울대 너머로 피 흐른 적 있더냐

낮조차 흐린 날에는
맹꽁이 떼 울다가 울다가
밤을 지새우더구만

사과든 뭐든
과실이 무르익어 탐날 즈음에는
자칫 어딘가 부딪칠 때마다
깊은 멍 속 버려지듯

철따라 지고 피듯이
더는 일렁이지 못해도

사랑했다는 말이랑
입부터 꾹 다물고

찔레꽃

울타리마다
여울져 길을 막아선 듯하지만
들로 산으로 내달리다가
하얀 찔레꽃
마치 삭풍에 스러진 듯
산기슭 길섶 여기저기
수북이 쌓여 말라버렸는데

울컥울컥 터트리고 말았다지만
눈물마저 마른 듯
염습(殮襲) 마친 뒤의 고요 같은
찔레꽃 눈물 자국 위로
아까시나무 꽃잎 흩날리어도
여전한 눈물 자국 외면하듯 지나친들

그 흔한 찔레꽃도 몰랐더냐며
희디흰 비가
5월 아니지 하늘 제 맘이라지만
무명빛 찔레꽃비가 내리고 있지 않느냐며

때로는 조금 허정거린들
나란히 걷는 동무들이 알고 있듯이
혼자여야 하지만 기어이 같이해야 보이는 찔레꽃을

눈물을 앞세워야 맞이할 수 있는지를 모르냐며
매번 눈물 앞세워 마주하는 눈물 속 꽃이 이리도 가까워
손잡자마자 묻어나오는 물빛 찔레꽃을 모르냐며

하얀 찔레꽃 여울져 갑작스레 길을 막아선 이유를
수북이 말라버려 자국뿐인 찔레꽃들의 하얀 침묵을
손잡자마자 묻어나오는 찔레꽃 풀기 빼낸 무명빛 눈물을
그 흔한 찔레꽃도 모르냐며

여울목 낙엽

왜 다니던 길로만 다니는지

때론 닫혔거나

문 열려있어도
가게 가득한 손님들로 비좁아

돌아서서는 갈 곳 없어도
흔들리며 두둥실 떠간 적 한두 번 아니었지만

늘 그랬듯이

걷다가 발부리 채이면 맴돌다가는

낙엽 가벼움이
끝인 듯 시작이듯

단골 주막집 문 열고 들어섰을지라도

보탤수록 남루해지니

버려야죠

거칠고 해질수록 초면이라 외려 반가우니

II

팔베개

　팔베개
　해본 적 없어서인지
　같이
　매발톱꽃이 늘 보던 그 빛뿐이지는 않다며

　매발톱꽃이지만
　빛 따라 이름 두어 글자 비틀어 노랑매발톱꽃이면 어떻고 하늘매발톱꽃이면 어떻고

　산이든 호숫가이든
　밥집 밑반찬이 열무김치 달래 된장찌개 머위나물 씀바귀 홑잎나물 돌나물 미나리 원추리나물 그 무엇인들

　손님 부름에 달려가는 이국의 서툰 우리말이면 어떻고 주인장의 나긋한 말씨면 어떠랴

　된장 뚝배기 바닥을 긁다가 김치 국물 한 수저 목구멍 넘기고야 일어서니

　문 나선 길섶에
　매발톱꽃 환하니 고개 숙인 손짓을

곁길

있을까

어디든 길이지만
발걸음 생각을 곱씹은들
늘
걸음 멈추고는 겨울 산길 마주하듯
언제고

마주한 적 없어

새벽녘 눈꽃 마주한 기억 드문 탓인가
오늘따라 자그마한 눈 뜨시었는데
여쭌 말씀이 그러했듯

거듭 여쭈어도 단호하게

내 뜻대로 하신다며
이제 이 못난 자식부터
당연히 지는 노을까지 내리감으시듯

여전히 기우는 초승달
이른 봄 산수유 그늘처럼

석불(石佛)

멀찌감치 바라다보는 마애불(磨崖佛)이었다면
등을 기대지 못해도 구부린 적 없었겠지만
노년의 그 못난 익숙함 따위를 버릴 수 없어서인가
여전히 슬쩍 등 굽어 있지만 미안하게도
떠나야 할 지금 자리를 살피는 줄 누가 알겠느냐며

다 버렸다지만
이 행성도 언젠가 그렇듯이 사라진다는
단 하나만으로도 훌훌 떠나야 하는데
인연마다 세월이 약이듯 부여잡지 않으면
괜한 날짐승들 피하라는 모깃불이 사위듯
간절히 피워 놓은 그리움의 모닥불도 사위듯
누굴 반기고 누구를 보내리오

한여름 한밤 으스스 한기에 눈 떠서는
잠들었던 멍석에 떨어진 별빛처럼 멍석이 되어버려
이슬 맺듯 내려앉은 별빛 속
멍석뿐인 땅조차 하늘이고 마는 천지개벽 같을 한밤이

저 윗대 이래로 그랬듯 아버지 보내드리고 어둑새벽 무렵이면
 여전히 꿈속 서늘한 한기에 눈 떠 흐르던 은하수 별빛들조차 모두 떠나고
 사위어 버린 모깃불 위로 이슬방울들 내려앉은 타작마당에 멍석이
 오늘 새벽이 날마다 처음이었듯

꿈속 꿈이 늘 지금이듯이 바로 문 닫질 못하듯
떠나야 할 자리를 살피는 줄 그 뉘라서 알겠느냐며

시경(時經) 한 줄

    국거리로 쇠고기든 시래기든 이름이 다를지언정 국거리는 건더기고 국물은 국물일 뿐
    국물이 많고 씹힐 건더기도 많으면 어떨는지는 몰라도
    어릴 적 어쩌다 맛보는 쇠고기 국도 건더기보다 국물이 넘쳐야 식구들 여럿이 나눠 먹을 수 있었던 모습을 떠올리다가

    어려서 뵈었던
    자격증이 없었지만
    잘났다던 학력부터 번듯한 자리까지 다 던져버리고
    독학하여 죽을병 자식 살려냈다는
    시새움 섞인 돌팔이 소리도 듣던 그 분
    한약재 서너 가지 애들 한 주먹도 안 되게 처방하고는
    아주 아주 묽게 뭉근하게 달여
    절대로 꽉 짜지 말고 대충 약재만 걸러
    천천히 마시라던 덤덤한 말씀

    국을 끓이든 하다못해 흔한 라면을 끓이든
    건더기 그대로인데 월천국 늘상 끓여대는 내게 막내 딸내미 물어보길래
    간기조차 별로 없는 멀건 국물이지만 한 수저 떠서 맛보면
    옳다구나 시원하니 가슴이 서늘하니 흐르지 않더냐며
    월천국이 끓어 속으로 넘치면 강처럼 유구하게 흐른다며 그 강이 월천강(越川江)이라며

거듭 읽어도 다 그런 얘기지
　사람마다 맞이할 수 있는
　월천국 늘 끓여대듯 그런데 국물이 너무 많아서 흘리는 눈물도 너무 많아서
　사람마다 맞이할 수 있는 세상살이 너무나 다 달라서 늘 곁에 있는가 하면서
　이따금 시경(時經) 들여다보다가
　넉넉하니 맑은 냇물 속 그렁그렁 맺힌 물고기들 바라다보듯 월천국을 한술 뜨면서

독백(獨白)

기실 방백(傍白)인데.

이 더운 삼복
복도식 허름한 아파트 현관문만은 꼭
닫아야 하는 까닭이

혼자 온종일 보내시는 어머니께
여쭈어본 적 없었지만

"아침마다 와서 아비야 고맙다.
얼른 네 집으로 가거라.
늦으면 더 더워지고 돌아가기
힘들 텐데
그런데 가기 전에
아파트 복도 쪽 열어둔 창문은
그대로 두고
현관문만은 닫아 다구.
늘 누워있고 혹 누군가 와도
일어나 응대하기 힘들기도 하지만
화분 속 화초가 그러하듯
기다릴 일 없어서란다.

늦은 오후쯤 언제나처럼
요양 보호사님도 오실 테고…"

보길도(甫吉島)

소식 듣고 울었다며
헤어져 돌아가서는 아내 붙들고 처음으로 울었다며

어찌 보면 쾌청한 하늘 바라보듯 그런 날이었지만
전해 듣고는 나중에 만나야 그게 뭔지 도통 모를 어디쯤 뒤를

뒤돌아보면 모래바람 속 뒤집히기를 모를까마는
괜한 비바람에 쓸려 뒹굴다 낯익은 모래벌판 꽃무지개처럼
구순(九旬) 너머 굵은 핏줄만 선연한 손 등 위
닳고 닳은 껍데기 소라처럼

더는 들려줄 이야기 없을지라도 끊임없을
이 지상에 초라한 이별과 회한이거나 흔한 눈물이거나
돌아서서 결국은 혼자들 돌아가고 마는

깊었는가 지새어 가도 모르게 깜빡 잠들었다가
가고 있는지 더디고 느리게 그러다가는 누워버렸는지

보길도 몽돌해변 밤물결 구르던 소리처럼

치악산(雉嶽山)*

끙하며 돌아누우셨다지요

눈이든 혹한이든 구룡폭포 물줄기부터
여하튼 꽁꽁 얼어붙어 누구든 발 딛질 못해도
여전히 돌아누우셨다지요

이제 부처 스승님 똑 닮아 짚신짝 같은 귀로
온 세상 흐르는 구름 흘려듣다가도
새 울음 나무들 온몸 비트는 기지개 하품 소리 따위부터
바윗돌이 쩍 벌어지고 부스러져 자갈이 될 때까지도 일상인
똑 닮은 제자가 치악산으로 떠났다는데

언제 아 지금 하며 애들 모양
이파리뿐이랴 꽃처럼 아침녘 방문 열듯
어느새 일어나 곧추세우시곤 환한 손길 가만히 내미셨다가

행여 아직은 어쩌질 못해 조금 기우뚱거리는 제자
차마 바라보시는 눈길이
지레 여전히 차 한잔 건넬 뿐이려나 하다가도

깊은 골짜기 가을 끝자락 덤덤하니 넘기면
휘휘해도 마디마디 휘감는 소리 쟁쟁해서
떠나버려 벌써 잊힌 자리지만
긴 겨우내 바람 속 여전한 잔설처럼 바로 거긴지라

불쑥 바람결에 행여 조금 이른 진달래꽃 찾지 않아도
연(緣)이 거기까진가 여전히 햇살 짧은 북사면(北斜面) 비탈이지만

더는 나눌 수 없는 댓글 모양일지라도
끙하며 돌아누우셨다는 소식이 없으니
자갈이 부서져 티끌이 될 때까지도 일상인 치악산에
다들 그렇게들 가기는 간다지만
가기는 간다지만
먼지 티끌조차 머문 적 없는 치악산 자락이든 골이든
끌끌 혀를 차며 어느새 일어나 아이들 모양

먼지바람보다야 가루눈 긴 가뭄 끝에 여우비 꼴일지라도
이제 간다며 어느새 티끌조차 무거워
삭아버린 지푸라기 바람에 날리듯 간다는데

언제 아 지금 하며 아이들 모양

*오랜 벗이며 때로는 선배이거나 동생이었던 고(故) 정두성 문우(文友)를 그리워하며

눈물이

말이 쉽지요
아버지부터 어머니 바싹 말라
온갖 눈물샘 핏줄마저 눈물처럼 불퉁그러진
마른 삭정이 곧 부러질 듯 메마른 손마디 쓰다듬다 몰래 훔친 눈물처럼

나잇살 먹었어도 밋밋한 자식의 저 잘난 어설픈 추임새를
울타리 너머 뭇새 바라보듯 바라보시다 아버지
끝내 감추듯 돌아서 버린 눈물처럼

살아있다 보니 동갑내기든 나이 차 따위 치워버린 벗이든
끝내 소식조차 묻어버렸어도 손닿는 곳이라서
눈물 막아선들
동무하던 옛길 길섶의 이슬 같은 눈물처럼

세상살이 그러하듯
헤어짐 앞에는 여우비 모양 늘 눈물이 졸금거려 그러려니 하다가도
잠들지 못해 뒤척이던 새벽녘 눈물 모양 바지 기슭 적시던 눈물처럼

긴 겨우내 모진 눈보라 혹한마저도 어쩌질 못했는가
바싹 마른 나뭇잎 여전히 남아 밤하늘 별빛인 양 성긴 가지 위 하늘 수놓은
천변 여남은 느릅나무들이 떨군 싸락눈 같은
눈물방울 바싹 마른 나뭇잎처럼

입춘 지나서도 별일 아니라는 듯 혹한에 버무려진 여기저기 눈물 같은
새싹이든 말라비틀어진 무 밑동에 매달린 뭇줄거리이든
그 흔한 눈물이 아니고서야 어찌 눈에 담을 수 있겠느냐며

눈물이 그렇듯이
떠나보내야 하는 눈물이야 쉽지만

있는 그대로일 뿐인데

새벽안개 속
잠기었지만

바짝 마른
이파리 같은
누군가를
등에 업고

길은 여전할 거라며
안개 비집고 나섰지만

가로등 희뿌연 불빛조차
농무(濃霧)에 갇혀

돌아본들

서서 지샌 밤이
토굴 같던 여관 불빛마저
묻혀버렸는데

쫓기듯이 아닌데

바싹 야윈
그믐달처럼
들러붙은

누군가를 업고
그만저만하여
나선 길

산(山)이 먼

장마라는데

지금껏

마을버스든
지하철 옆자리부터이든
나름 역겨운 향수 냄새부터
젖은 옷이거나 신발
아니 빗물
군내 같은 삭은 비린내

비마저 온종일 추적거리면
잊으려 아무리 애써도
식은땀처럼 흘러내리는

비집거나 우연이거나
애써 태연한 척
이 비굴한 자리
지하철 좌석에 앉아
내릴 곳이든
영 못 견뎌 내리고 싶은 다음이든

그래도 지금껏 살아오다가
구부정하니, 그러고 보니

혹 치매(癡呆) 끝에 매달린
산속 개복숭아처럼

뭇 새가 파먹다 버려둔
가지 사이 성긴 그늘처럼

눈가에 괜스레 슬쩍 떨어진 낙숫물처럼

귀갓길이

둥지

다들 떠나가도

까치밥도 아니고

둥지도 아니고

물 바닥처럼
눈 밑 아른거리는 먼 산머리도 아닌데

잠시 들러 지운들 무엇이 보일까마는

젊어 고집스레 해주신
모시 적삼
그늘조차 삭아버린
세모시 바지저고리 두루마기
까마득히 삼켜두었더니

오늘따라 한 걸음쯤 저 산을 넘어
거듭 걸어가 볼까나

입동 지나서야 조금은 쌀쌀해진 듯
햇살은 벌써 기울 듯 허정거리는데

여명(餘命)이 얼마인지쯤 다들 알고 나서야
눈부신 손바닥 위 햇살 싸라기

움켜쥐지 않아도
물처럼 흘러 흘러 지나치는구먼

둥지 그늘 비켜 지나치면서

입때껏 뭐했는지

짐승들은 죽을 때를 알까

벼락을 맞듯
살아생전 처음으로 떠나야 할 때를 알까

그 문득 깨달음이
빗줄기 속 햇살이 뛰어가듯
겹겹이 울타리 쳐진
신(神)들의 하늘마저 열어젖히고
막 태어난 자식을 안아 들듯
그러다가

온통 신산한 그늘뿐이라서
노을빛으로 꽃무리 져 머물다 떠나든
그늘조차 없었다는 듯 누구에게나 잊혀 가서
사라지든

곁에 있는 이들조차 모르게
죽을 때를 아는 짐승들처럼, 혼자서
눈물 대신 황야 흙바람처럼 갈 수 있는지
돌아간 이들에게 들어본 적 없지만

문풍지
한겨울 북풍에 살을 에듯 울던 소리를
언제든 기억 저편에서 불러주길 기다리기나 하듯

어느 누구도 모를 테지만
숨죽이든 일렁거리든
마냥 흐르는 눈물 따위이거나

끝내 지금도 그 자리에 머문 적 없어
기어이 눈물 따위이거나

요양원 가기로 한 날

걷고 있어
그나마 꽤 오래된 길이 결국
그 길이 그 길인데

딸이 셋이고 아들이 하나
언제든 볼 수 있다고들 하지만
언제들 봤는지는 가물가물한데

우연한 친구들과 당구 한게임 쳤던 4층 건물
가장자리 기억만 가득한 지하철 입구 옆으로
제법 자리 잡은 과일 가게마저 기웃거리다가

선술집서 봤던 제법 그럴듯하니
또랑또랑했던 바바리코트 속으로
동전 한 닢 쥐듯 사과 뭉치를 감추던 모습이
언제였던가 불현듯 떠오르는데

하긴 수십억쯤 해 먹어도 모른 척한다는
그런, 그런 얘기들을
길가 가로수처럼 여전히 마주치지만

밥은 먹었는지
치매라는데 생각나진 않고
이제 우수(雨水) 지나 낼 모래 경칩(驚蟄)일는지
해는 멀쩡하니 아직 기울지 않았는가 훤한데
어디로 가는지

내일은 요양원 가야 한다고들 하지만
그나마 때늦은 추위조차 이제는 간다고 하더구만
아슬하니 몇 층인가
고층아파트 맨 꼭대기 너머로 짐짓
숨어버린 해를 찾다가

발돋움의 기억이

아프지요

푸르른 하늘이 너무 시려서라며

멈출 수 없어 흐르고 있을 뿐인데

돌아가신

시월막사리 해넘이께

강가 스산한 잡풀 무더기 건너

거뭇하던 산이 어느새 묻히고

얼어붙기 전에

더는 흐르지 못하던 강가

발돋움의 기억이

사모곡(思母曲)

어찌 내 맘뿐일까요

노을 깊어지다
멍하니 어둠뿐이라
제 그림자마저
더듬을 수 없던 적 한두 번이 아니었듯
일상처럼 마주하는 이 낯설음
매번 눈물일지라도
울컥거리는 칠흑 그늘 속이
외려 어머니 품속처럼

옆에 누워 긴 밤
그대로 잠들 수 있었으면

나비의 꿈

지쳤죠
어머니를 요양원 보내드렸던

외동이
홀로이신 어머니를 떠나보낸
홀연 해거름

거리 모든 쓰레기 재활용품, 노인의 옷마저
닳고 닳은 돈이 되든 뭐든

나비의 허물 거두어

서너 배 부푼 리어카 짐 너머
끊어져 다시 묶은 상처가 여든서너 해
저녁놀 가뭇없는 부스스 백발이지만

누구든 힘이 될 만한 이마저 불러세울 수 있다면

끊어져 다시 묶고픈 그 동아줄로
마지막 염습(殮襲)처럼 꽁꽁 묶어 갈 수 있도록 눈감아 달라고

요양원 가신 어머니
모두 주신 것인지 남긴 것인지 허물 꿈처럼
쓰레기일지라도

모아 가서 팔면 돈이 될런가 모른다며

그렁그렁 그러모아 끌고 가는 어둑한 길 위에서

이와 같이 들었습니다(如是我聞)

1.
너희들과 헤어지고
병실 커튼 뒤에 그늘처럼 누웠지

몇 마디 건네지 못하고
비상벨 누를 힘조차
아니 마음조차 없었던지
아마 이게 끝일 게야
나름 마음 고쳐먹다가 잠이 들었다가

육이오 때 폭격으로 돌아가신 아버지와
허청허청 홀로 남으신 어머니
꿈속이 갑자기 환하니 눈부시던데
막상 눈을 떠 보려 하니 가물거릴 뿐

하루 몇 잔이던 커피
마실 수 없다는 커피 꽃내음도
조금씩 마시며 기다렸을 거야, 속으로는

2.
 무릇 모든 별빛이 돌아가기를 그린다는 은하(銀河)의 검은 힘 때문이든

결국은 그 자리를 맴도는 이 작은 떠돌이별에서
죽어 누워서도 다시금 별자리 바라볼 수 있다지만
기다려서는 오지 않을
낡은 흙집 같은 나에게는 기억조차 없는 우주의 시원(始原)처럼
눈감으면 비로소 보이려나

3.
아마 큰애와 한 번은 같이 올랐던
눈길 북한산(北漢山)에서 사진 한 컷 되새기려나 하였을 거야

홀연 손 놓고 떠나려니
기다리지 않았는데 마치 기다렸듯이 떠나려니

내 이마에 손을 얹고 가슴에 귀 기울여 흐느끼던 모습이
그뿐이었겠느냐며

천상(天上)의 고원인지 설산(雪山)인지 바람조차 텅 비었던데

삼매(三昧)

똥이죠
애기똥풀 꺾어 맛본 적

있었느냐며

똥이 그냥 똥인
그런 생존에 서툰
제 딴엔 멀쩡한 동생이 싸놓은 똥을

물론 어제도 그랬지만
뭐가 그리 다급했는지
맨손으로 거듭 치우면서
바보처럼 무어라 했는지요

시방 무엇을 했는지
동생이 알겠느냐 물을 필요조차
없는데

제 똥을 손으로 주무르는 동생에게

문(門)

닫힌 문이 없다는데

문은 없는데
출생부터

보이지 않아서
더듬지 못해서
촉수(觸手) 탓은 더욱 아니고

그냥 가면 된다는데
죽음처럼 돌아온 자 없었다지만
죽은 자 넘쳐도
참으로 떠난 자 없어 돌아온 자 없다는데

비바람 진눈깨비 추적거려 더 애절한들
닫힌 문 어디에 있을는지

태초부터 없었다고들 하던 데

물결 잦아들면 보이는

가신 뒤로

이제야 보이네요

감추려야 감출 수 없는
누구나 반길 수밖에 없어 너무도
훤하니

결코 번복하지 않기로 하면

가시고
노년의 머릿결처럼
그제야 맞이하는
흔한 늦가을 바랜 빛무리

돌아가진 않을 거라며 어디론가
돌아들가듯

소식조차 뜸하여 이따금 멀어도

보낼 소식이 없어서 비로소
홀몸

왠지
먼짓길 뒹굴어도 괜찮을 걸음쯤 걸으니

더는 꿈꾸지는 말기로

한 올 그늘 없이 떠가는 나무여

서로 맞비비며
애달프게 닳고 닳은
삭풍 먼지바람이든

가득 후회만 뒤엉긴
마른 바퀴 자국
끝내 지우지 못하는 몸부림
겨울바람이든

바싹 말라 뒤틀어진 추녀 끝
고드름처럼
뭘 그리 입만 다물고 계십니까

꽃 다 져버리듯
모든 이파리 떨군 채
가릴 그늘조차 떠나버린
텅 빈 숲속
바람 잦아진들
밤 지샌 상고대마저
꽝꽝 얼어붙어
피멍 같으니

사랑하는 이의 임종(臨終)이면 어떤지요

어디든 선뜻 같이 못하는 까닭이
어찌 꼭 지금부터입니까

깊은 숲속
여기저기 벌거벗은 나무일 뿐이라지만

빈집

잡초라도 더 무성했으면

거미줄 너머
처마 끝 보이고
허물어진 담장에
설핏 걸린 해그늘

다시는 오지 못할 듯이
오래도록 머문다 한들
무너진 봉분(封墳)처럼
주저앉아 잠들 수 있을까.

눈 감긴 뒤
다 떨어진 부챗살
하얀 나무뿌리 같거나
자취조차 흩어진
삭은 흙내뿐이거늘

해 지고
못다 나눈
식은 체온일지라도
이리 차지만은 않을 텐데

마치 먼 풍경
가라앉는 앙금처럼
무심히 그 자리이고만

빈집에
서걱거리는 바람 한 자락

멀찍이 두고는

못난 짐승들

우화등선(羽化登仙)

어느 하늘 밑에 살고 있든지.

누구를 앞세워 보냈던
바로 뒤든 한참 뒤를 안타까이 보냈던

허물을 벗고 떠났던

썩혀도 박제처럼 가뭇없이 사라질 리가 없던

깊은 속 그러모아 다북쑥 태우듯
사르고 살라 그 향기 애써 붙잡아본들

설혹 오래전에 다 사위었어도
피붙이 풀처럼
뒤엉켜 바람결 비바람마다 웅웅거린들

머리를 깎지 못했어도
같이 하지 못한다면
하찮을 숨결마저 걸었던 비원(悲願)의 끝이라 한들

끝내는 결코 함께하지 못하거늘.

비비람 그친 사이
잠시 두어 수저 아침밥 드시다가

병든 자식 요양원(療養院) 어디에서
구겨진 종이장 모양 젖어 있지는 않은지

혼잣말하시는 어머니

겨울잠

잠들 수만 있다면
우리 은하 말고 그렇듯 우주도 하나뿐이지 않을 거라며
눈에 비친 아침노을이 하나가 아니듯 몇 개인지 말하지 못하는 이유가
둔치든 애써 가꾼 산책로든 나비바늘꽃이 여기뿐이 아니듯

때로는 몇 날 며칠이고 도망치듯 시장 바닥부터
동네 공공도서관에서도 기웃거리다 만났던 무릇 목숨 달린 거미줄부터
온갖 줄에 매달린 이슬방울들 사라질 듯 털어낸들
끝내는 다시 저녁 이슬이듯 흔하디흔한 눈물 따위들이

모두 걷어치워 텅 빈 장터 좌판 위 내려앉아 여전히
애초 미워한 적 없다며 무심히 지나친들 발부리부터 주저앉히거늘

잠들 수만 있다면
그냥 다른 우주의 어느 은하 역시 변두리 까마득히 잊혀도 모를 어느 별 덕에

깃들다 다시 겨울잠 오래 잘 수만 있다면
점점이 사라질 수 있다면 꼭 전혀 다른 우주
뉘도 모르는 은하 어느 구석 곧 사라진 행성에서 잠들다 사라질 수 있다면

III

감꽃

다들 한 보따린데
철따라 나름 당연하다지만

첫사랑 같은 삶의 터전이 결국 주검이었듯
아니 절대 죽을 수 없다고 하지만

한 보따리씩 챙긴 욕심들이 죽음을 무시한다면
결국은 떨어져 뒹구는 감꽃이라면

가지마다 매달린 꽃꼭지 떨어져야 하듯

철을 거스를 수 없다며
말라비틀어진 감꽃들 흔적조차 없는데
틈만 나면 죽음 되씹고 발뺌이나 하는

누구든 버리지 말라며 거듭 꽃이라 피워내지만

이제는 본 적도 없을 주검에 대하여

동상(銅像)

키가 전봇대만 하다가도

어느 때는
도시환경 정비 핑계 삼아 다시 심은
고만하니 수줍은 가로수만 하기도 하다가

해 길게 그림자를 드리우면 때로는 자리에 없기도 하고

못내 지우지 못한 그리움 따위야 매한가지일 거라며
눈길 건네는 이 하나 없지만

아무 때나 다시금
퍼질러 앉아 철 지난 신문을 읽거나
땟국에 절은 등긁이로 이따금 손등을 긁기도 하는

그나마 아직은 따사로운 오후 햇살 속
시장 문턱 건너편

국밥집 멍해진 유리 출입문에 갈겨쓴 폐업철거
빛바랜 글씨처럼 그슬려 있는 노숙인(露宿人)이

언제부터였는지 누구도 묻지 않는

원추리

언제는 안 떠들었냐
당나귀
오호 임금 귀는

알몸 가린
임금 눈에만 보이는
옷이거나

올바름
꽃의 당연한 기준에 대해 의심한
적 없는

봄날이 은근슬쩍 무소식이라고

세월 흘러도 봄나물
꽃 피기 전
나름 피워내며 원추리나물

화를 내거나 홀로 밤 지새웠거나
꽃봉오리 맺듯

혼자라며
떠들거나 좌절하지는 말라며

파리

불결하다죠
학교 성적이 외모가 집안이
다 그렇다고들 하지만
늘 깨끗이 처신하고
지상에 없는 듯 다녔다지만
작업 중
파리가 우연히 맞아 죽듯
죽기도 하죠
파리라서
흔한 일들이라
소식이 깡통일 뿐이지만

21세기 부곡(部曲) 천민
거주 지역이든 어디든

내일이 없듯

볕이마저 시원치 않았지만
어쩌다 만나면
더는 놓치고 싶지 않아
여간 날선 게 아닌 겨울바람마저
성큼 움켜쥐듯
끝내는 종종걸음 달려가곤 했던

싼 방이었어

들창조차 없던 손바닥만 한
어쩌다 둘이 몸을 뒤척이기에도 비좁았지만
천 원에 하룻밤을 묵을 수 있는
아주 싼 방이었어

장화 없이는 나다닐 수 없는
예전 천인 네거리
간판마저 희뿌연 불빛으로 지워졌지만

매서운 한파에는 연탄불 활짝 열어
절절 끓는 방바닥으로 주린 배를 달래주던

판자벽 틈서리로 한겨울 한기가 스며들어
벽부터 천장까지 온통 순백의 성에꽃 눈부셔
아침이면 탄성의 하얀 입김 맞이하던

싸구려 여인숙이었어

그중 싸서
담배꽁초와 전봇대 지린내마저 질펀했지만
어찌 보면 길바닥 꽃 같았던
허름한 단층 예식장 옆이었는데.

사통팔달 네거리 사라지고
어쭙잖게 휘 늘어진 왕복 십 차로
펄펄 끓어오르는 폭염 속을 걷다가

행인은커녕
풀 죽어 추레하게
어깻죽지 늘어진 가로수 따위
언제나 그 아래이고
구름 하늘이나 드문 노을빛마저
만추의 담쟁이넝쿨 사진 모양 그냥 비치어 대는

초고층 빌딩들 내닫는 왕복 십 차로 횡단보도(橫斷步道) 앞에서

내일이 아직 없듯이

노동절(勞動節) 목탄 크로키(croquis)

1.
봄이죠
설렘이 아니라 꽃 피어나듯
그냥 바라보아도 출렁이며
밤을 지새워도 잠이 오지 않듯
해 길어져서가 아니라 조금 늦게 창을 열어도 설레는

오랜 기다림을 잊은 지가 언제인데
다들 잊어가고들 한다는, 여전히 돌아온 봄이라지만

애써 찾아봐야 보이는
가로수 아래 씀바귀처럼 하찮지만
개꿈 속에서야 이제는 영영 돌아올 수 없는 벗들과 한잔하듯
허구한 날 제풀에 겨워 흐느끼듯 그러대다가
손톱 밑 목탄(木炭) 자국처럼 지워지지 않는

노동자 한 사람이 죽었답니다.
흔하다는 노동 현장의 애끓는 추락사가 아니고
꽃봉오리 한껏 열어젖히고 날아오른 용오름이었답니다.

2.
변두리 오래 묵은 서민 아파트 단지 안에서
그 낡은 아파트 단지와 같이해 온 오래된 나무들 전지한다며
대부분 느티나무이지만 아주 드문 모과 살구 단풍나무 들도
뭉텅뭉텅 대강 잘려 나간 지가 엊그제일런가
벼락이라도 맞아 죽은 듯 이파리 하나 없어 안쓰러웠는데

새삼 때가 이른 탓일까 하다가

버스를 타고 지나치다 보면
도롯가 훤칠하게 커버린 가로수 이팝나무
쌀알이라던 흰 꽃들 무성하니
예전에는 풍년이려나
그렇게들 맞이했다던데
여린 봄바람 흔들 때마다 꽃비 되어 흩날리는
낮때쯤

3.
그리 오래되지 않은 웬만한 아파트 화단이 그러하듯
식재(植栽) 후 으레 누군가의 노동이 돌본
철쭉꽃부터 형형색색 봄빛이 넘치더니

때가 이른 탓인가 하면서
타오르던 꽃잎 모두 떨구고 형체뿐인 모란이

기후변화 탓이라며
같지도 않은 인간들 탓이라며
봄이 이제는 시작도 없고 진작부터 봄꽃도 사라져
오월에는 마른 꽃잎만 날릴 거라는데

엊그제 제법 많았던 비 덕분인가 수런수런 작약꽃들

4.
변두리 오래된 소형 서민 아파트 단지 옆
언젠가 기숙학교로 바꿔 내내 입시 준비로 이른바 일류 고등학교로 변신한
학교 울타리 길가
오래 묵어 굵어진 은행나무 가로수 발아래
딴에 앞다퉈 어린 노란 꽃들 피워내는 씀바귀들
봄 여린 바람에 흔들리는데

메마른 손 여기저기 목탄 자국처럼 하찮다는
멍 자국들 누르퉁퉁한

망초, 개망초의 독립운동사(獨立運動史)

누구도 이름 따위는 없었다
빼앗기고 돌아보니 망초 개망초뿐이었지만

그저 칡잎 칡덩굴 숨 틔우는 이슬 모양
맑은 물 길어 올려 간절한 기원 담아내던 이슬아침이었지만
망초 개망초 허리 발목 꺾이고 베어져
한낱 먼지처럼 묵정밭 듬성듬성 숨죽이다가
봄부터 늦가을까지 햇살 슬근슬쩍 비켜 지나가도 그게 아니라며
어김없이 뒤덮어 망초 개망초 먼 산빛처럼 손짓 눈물, 빛 손짓 설레며 부르는

기획된 모든 꽃 잔치 가뭄 속 겨우 흐르는 녹조 같을지라도
망초 개망초 번져가는 이유가 가난한 봄날 끼니마다 상에 오르던 나물밥 재료만이었으랴

이리들 번져 꿈결 내달리던 새벽녘
그 환한 묵정밭 망초밭에 맺혀다가도 끝내는 겨울에 묻히고 날려 흩어질지라도

기록해 마지않던 실록(實錄) 일기(日記) 따위 제쳐두고
흩뿌려져 묵정밭 망초 개망초 그 숱한 씨앗들 너무 흔해서 외려
장딴지부터 텅 빈 가슴마저 적시는
망초 개망초 후드득 적시는
새벽이슬 후드득 적시는 묵정밭에 널린
망초 개망초의 독립운동사(獨立運動史)를

다 바랜 편지처럼

밥 한 술 뜨려다가
낡은 전기밥솥 속 찬밥이나
다 바랜 낙엽 같은 신세인데
바지 엉덩이 밑으로 질질 내려가듯
질질 끌리듯 햇살에 끌려

정오쯤 되어서야
먹은 것 없이
빵빵허니 부풀어 오른 빈속 따라서
슬금슬금 방문(房門) 겸 현관문 나섰지만
딛고 있는 지팡이 뒤로 더듬더듬
지팡이 한 걸음 옮길 때마다 두세 걸음 따라잡느라
한밤 올빼미 모양
사방 두리번거리며 더듬거리지만
엉거주춤 서 있는

이따금 일지라도
혼자 바쁜 배달 오토바이 소리마저 짧아진
그나마 한길까지 나왔지만
지나치는 일상이 그림자처럼 여전히
서 있거나 때로는 서성이는

쪽방 속 빈 술병처럼 더듬더듬
세상 구경 나오자마자 공병(空瓶)인데
이따금 뒹굴어야 누군가의 초점(焦點) 안일 수 있다는

그림자조차 사라진 한낮
다 바랜 편지처럼

더듬거리지는 말자며

더듬거리지는 말자고 하지만

더듬거려도 제대로, 세상을
이웃의 마음쯤을 짚으며 살듯한
개미든 여치든
절대로 더듬거리다가 삶을 마치지는 않을 거라며
개미 다니는 길목에 쪼그려 앉아

하긴 누구나 눈 뜨고 처음은
뒤꼍이든 길가든 나름 종일은
오가던 개미들 바라보던 어릴 적부터
무엇을 보았는지는 본능 같은 것이고만

돌이켜 생각해 보니
비루먹은 뭇짐승들처럼
어쩌다 더듬거려본 추임새 들어맞아 나풀대지만
가만히 혼자
땅바닥 코에 대 보고 살펴보면
거기라는 것쯤인데

여전히 더듬거리며
혹시나 더듬이 자리일 거라며
더듬더듬 엇가다가 세상을
이웃을 개미지옥에 빠뜨리는

나풀대는 누구에게든 당연할지라도
더는 더듬거리지 않아야
개미든 여치든 먹고살 만한데

봄동과 잡석(雜石)

새삼 더듬어 본들 그 속이 그 속이듯이

그만한 푸석돌조차
여기 굴러다니는 까닭을 쉽사리 알 리 없지만
어디서 비롯되었던 이치를 캐묻지 않아도
그게 그거 아닌지

잡석과 자갈은 다르다지요

푸석돌 사이 온기가 햇살 탓인지
서릿발 오싹하니 덧덮여 있어도
무더기무더기 들비비며 지내는 까닭인지
돌 너머에 영원한 빛이 있어서인지

돌무더기 온기가 어디에서 비롯된 것쯤이야
감출 것 없이도 알 수 있다고들 하는데

모름지기 속은 감춰야 비로소 보인다지만

좌판 위 봄동의 지난 시절 속을 알 리 없어도
보아한들 봄동이
실은 저마다 다른 그 맛이듯

여전히 돌인데 흔히들 잡석이라고들 한다지요

면접

까치가 울었냐고요
늘 낯설죠
언제 뵈었다고요
딴에는 자세히 고향부터
그 긴 이력에 대해
간략히 소개했습니다만
맡을 업무에 대해서는
묻지도 못하고

옷을 입은 채로
바닷물에 들어갔다 나온 모양
내내
절은 생선처럼
팔다리마저 뻣뻣했죠

야무지게
실수령액부터 복지 포함한 근무 조건 따위는
묻지도 못하고
3개월짜리 임시직 계약에

빈털터리 된 뒤로

무안 봄날
모든 풍경 다 버리고 떠났는데
계좌이체 뒤로
온 재산을,
그중 천분의 일도 아니고만
보냈다는 마지막 소식에

새삼 살아온 탓을 거듭 살펴보니
세상살이 잊고 사는 법이
배고프면
맘껏 먹으려나 하지 말고
술자리에도
그저 김치 두어 쪽으로 입 가시면 되거늘

살다 보니 악쓰며 살았는지
그렇게 된시름 뒤척임 아무도 모르듯이
무릇 지나고 나면 어디고 자취조차 없어
삶의 구김살이 보일 리 없지만

무심 지나치다
발길 잡아채는 돌부리에
얼빠져 어리벙벙 못났다 하여도

때 되면 여전히 길섶 돋아나는 봄빛이었듯

믹스커피 한잔 그것뿐이었다는 뒤끝이

잇몸

잇몸으로 살았던 세상이 언제 적인데
가난 벗어난 게 언제이고민
오죽 못난 제 탓에 그리 사냐 할지라도

라면 한 그릇 소주 한 병 주인장이 내왔는데
질긴 라면발 잇몸으로 아무리 씹은들
지나온 삶처럼 날것 그대로 꿀꺽 삼킬 뿐

밥 한 공기 얻어
아예 끼니도 때울 겸
라면 국물에 말아 한 숟갈 뜨면
씹질 않아도 그만 절로 넘어가니
쌀밥만은 오래전 떠났어도 정겨운 벗처럼 그래서
스르르 웃으며 반기듯 목젖 넘어
이리 편안한데,

생애 처음인 듯 모처럼 게으른 트림
번잡하기가 지나온 세월 같은 선술집 선뜻 나선들

늙어 잦아지는 트림 탓인지
철 따라 피든 지든 그럭저럭 일상조차
마음껏 하기조차 늘 뒤숭숭하니
미세먼지 탓일지라도
마스크는 더는 쓰지 않겠다면
가난뱅이 그런 놈들이라며 혹자들 손가락질할지라도

이제는 입맛조차 그런가
　찌게 모양 끓인 라면발 거듭 우물거리며 시방(十方) 어디든 눈치 없
다 하더라도

　세상을 떠날지라도 잇몸으로 씹고 넘기며

사관(史觀)

설설 기죠

이 사회 낫살 먹고 빈곤층

헛된 욕이라고요

그렇게 살았는데

또 그렇게 사는

윤회(輪廻)인가요. 틀려도 맞는다고 해줘요.

삶을 정리할

같이 했던 친구들 연락이 끊어지듯

여전히

살아서도 젊어서도
못살던 모래바람 속에서도
눈 뜨면 들리고 외치다 각인(刻印)되어
'잘 살아보세' 몸부림이었든

값진 추억의 배당금에 대하여
흥정은 필요 없다며 내민 표창 따위들
누렇게 삭아 부서져 날려도

펄펄 끓는 아스팔트 위
가로수 가느단 그늘에서나
억수장마 건듯 개어
서툴게 가슴 연 하수구 언저리

말라비틀어진 형해(形骸)들

기억(記憶)의 주검들

모든 문 열어 부쳐도

먼저 약탈하듯 가져가고는
숨 쉬는 땅조차 깨부수지 않으면
썩어도
눈 뜨지 못하게 잔인하게 명 끊듯
덧씌운 포장도로(鋪裝道路)처럼
이제는 낯설지 않은

그래서 더 낯선
모든 낯설음에 대해서도

설설 기다가 낯익어지고 몸에 배어

더는

영영 상종하지 못할

치정(癡情) 몰래 나눌 수 있던 시절이 역사라는

환승역에서
- 도시의 산물(産物)

지하철 6번 출구 옆
주인 잠시 자리를 비운 꽃집 앞 서성이며

아직도 그 꽃이 있어요
물어보려다가 멋쩍게 뒤돌아서는

꼭 그들처럼
호주머니만 한 외질빵 가방(크로스백 cross bag) 어깨에 걸치고
환승역
그렇게 이름을 붙인 지하철역에 서너너덧 모였는데

괜스레
에라 못난 놈들이라며 떠들다가
한때 자기들도 잘나갔다는
빠진 깃털쯤은 화사한 모자로 가리고

오랜만도 아닌데
받는 놈이 왼손잡이인 줄도 모르며 건넸다가 입발림까지 했다며
이제는 정치 이야기쯤은 뛰어넘자며 헛웃음도 치다가

그렇게 갈아타지 못하고
환승역에서

뒤척이기만 한들

나이가 든다는 것이
결국은 얼마나 글썽이고
글썽이며 사는 게 아닌가 하면서도

모질지 못해서가 아니라
오지랖 넓어서가 아니라

길거리 여전한 민들레에도
뭉근한 불처럼 피운 국화꽃에도
때 이른 무서리 내려서가 아니라

인연 없을 생면부지(生面不知)
생계의 위협 앞에 욕심을 세우고
이제는 나도 빠질 수 없다며
저마다 누리며 부리며 살겠다는

욕심을 앞세웠지만
내가 없다면 줄 수 없다며
태어나고 살아온
제 분수만큼 갖는 것이 현실이고 공정하다는
정의로운 계급론을

남 보기에는 가지지 않았지만 줄 수 있다는 사실에 대해
가지지 않았다지만 가졌기에 가진 것 버릴 수 있다는 사실에 대해
스스로 되씹기조차 남사스러워 하릴없이 뒤척인들

그렁그렁 뒤척이기만 한들

새가 울더냐며

해거름이면
부스럭부스럭 자리를 옮기는 새는
울지 않는다고 하지만

그렇게 울지 않는다는
새가
마냥 하고 싶은 말조차
헛김 섞인 휘파람인 양
다만 감출 수 없었을 뿐이라고도 하지만

울던 날갯짓은커녕
울음조차 감춘 적 없는데

새가 울더냐며.

어스름 고갯마루마저 어둠에 잠기면
쑥국새 밤새도록 뒤척이듯이

목울대까지 차오른 울음마저 짓눌러
깨문 아랫입술에 낙화처럼 맺힌 울음이
밤안개 풀벌레 소리조차 묻히지 않듯이

그런데 그 어떤 새가 울더냐며.

갈 곳 몰라 헤매는 새들에게 더는 묻지 말아야 하듯이
여명이 걷히기 전까지는 새들이 울지 않는다고 하지만

새들의 지상(地上)에는
갈 곳 몰라 헤매는 새들이 없으므로
더는 묻지 말아야 한다는 것조차 모르면서

새가 울더냐며

술값

1.
일상이 인생이여
술값은 있는 놈이 내는 것인디
썩을 놈들
있는 놈들은 다들 도망가
술값은 늘 그랬듯 떠넘기고

돈 욕심을 넘기고
명예욕을 넘기고
권력욕을 넘기고
나중에는 즈그
묘 등마저 넘어서야
제대로 살았다 죽은 것인디

2.
멋진 나라 아닙니까

취해 몽니 부리며 떠들어도
늘 바뀌는 정권의 수장(首長)이 말 그대로 두목인데

기후 변화 여파 따위 절대로 기사화하지 못하여도
언제 어디서든 아열대 한낮 소나기쯤 시원하거나
지레 따뜻할 거라는 겨울 난방비 생각하며
없는 것들에겐 마음의 양식이거나
무소유를 넘어서는 자유를 탐구할 수 있을지니

자유 빌어먹을 자유 핑계로
영글다가 가뭄에 찌그러진 호박의 형해(形骸)가
누구를 탓하겠느냐 자신하며

날벌레처럼 모깃불에 꼬이는 것이 인심이고
다수의 사기, 민낯의 사기를 넘을 수 없는 것이
술값이라며

탁본(拓本)

그래도 늘 갈 곳이 있는지 건네는 물음이 언제나 처음이었으면 하지만

더듬어봐도
잎사귀 봐야 겨우 백당나무 덜꿩나무 분별하는 까막눈이
잊힌 마을 고샅길이 언제나 사오월이듯
이제는 아무도 올 리 없지만
새봄을 맞아 씨앗은 관례대로 모두 받쳤다며
긴 겨우내 연명했던 가느단 숨결은 차마 어쩌질 못했지만
단 한 톨 씨앗도 늘 그래야 했듯 진상하였다며

탁본이 아닌
먹물처럼 빛바랜 적 없을 까막눈의 기억이 날마다 더듬은들
잊힌 마을 고샅뿐이랴

백화만발(百花滿發) 사오월
다니던 고샅 벗어나
괜스레 낯선 개울가에도
지칭개들 먼저 불그스레 눈을 뜨고
너무 걸었는가
온통 물집투성이지만
걸어온 흔적 누구 할 것 없이 희미할 뿐인데
먹물이 진한 탓이라지만
얼마나 숱하게 상처를 까뒤집혔을까

탁본이 아닌
잊힌 마을 고샅길에 널린 지칭개들이 아니지만
개중에는 지금도 꽃이고자
무엇을 숨결인 척 던져버릴 것인지 끙끙거린다고도 하는데

백당나무인지 덜꿩나무인지
여전히 꽃보다는 이파리부터 살펴봐야 하는 까막눈이

토성(土城)이 무너지듯

비가 많으면 무너지듯 그깟 흙담이 온갖 풍파 다 썩어빠진 짚풀 날라비틀어진 니뭇잎부터 어쩌면 애꿎은 이끼 부스러기조차 부둥켜안아 본들 무너지듯

   아닌가요
   제집을 등에 업은 달팽이든
   억수 비 끝에
   징그럽게 달려들던 민달팽이든

   비 그친 다음 날이면
   흙내조차 바짝 마른 포장로(鋪裝路) 길바닥에서
   비비적거리는 지렁이 모양
   온몸으로 비비적거린들 먼지 같다며
   술이나 한잔 거듭 권하는 성한 지렁이든

   눈에 보여야 딱히 술 한잔 올렸던 모든 눈물이 부끄러웠던 날까지 모두

   빗물이 많아서랴 눈물 콧물 그냥 봇물 넘치듯이 눈물이
   작고 볼품없는 어차피 시름시름 무너질 토담이
   온갖 궂은 비 쏟아져 퉁퉁 불어 주저앉을 듯하여
   다들 눈 감아 버리고 밤 지새운들 끝내 팅팅 불어도 무너지지 못하는

물먹은 토담이 무너진 적이 하세월인데
길섶 말라비틀어진 지렁이 모양
토담이 무너진 적이 있었느냐며

토성이 때에 맞춰 복원하기를 거듭해도
토담이 얼마나 굳센지에 대한 학술 보고서는 당연히 없었듯
그리고는
언제고 토담이 무너지듯 토담들이 재건축을 꿈꾼다면

불더위 한낮 손바닥만한 그늘이라도 찾아
훌훌 털어 버리고 도망치듯
풀숲 어딘가 지렁이처럼 숨기라도 하고 싶은데

모두들 무리무리 찾아 떠나는
북극권에서야 볼 수 있다는 오로라 따윈 아예 보고도 싶지 않은
이 무지렁이는

대화편(對話篇), 딱 여기까지만

부르면 모이더냐
악쓰면 모이더냐
헛헛하니 부르면 모이더냐
악쓰듯 함성이어야 모이더냐

친구가 준 로또
유효기간 2년
품에 안고 안 버려
물론 당첨 여부 확인도 안 했지만

아무리 내 알아도
내다봤지만
정치꾼 수십 명 넣었더니
이 싸가지들
매미 소리여
철 지나면, 끝나면 끝이여

인생이 짧으나
늙은 삭신에도 소금이 나오네
이건 악써야뎌
외상값은 갚아야 하듯

여기까지가 인생은 예술이여

허지만
숱하게 수탈당하고 그게
일제강점기(日帝强占期) 뿐이여

제기랄, 딱 여기까지만

부용화(芙蓉花) 흔들리는
내 고향 국도 내려서 걸으며

부용화에 걸린 기억들에 대하여

1.
이 평화로운 시절에
아마 고함일 거야

취객일 거라며 흔들리는 알전구 빛
그때는 다 그랬었지 말을 안 해도
그렇지라며

이제 꽃들 정성스레 심어 돌보고 있는
썰렁한 동네 국도변
꽂아 넣은 붉은 부용화(芙蓉花) 널려 있어

외려 이름조차 때론 잊히니

2.
언제였던가

마을에서 돼지 잡던 날
도치 서슬 퍼런 날 말고도

명 끊고 받아낸 핏물조차 버릴 수 없었던 시절에도
빼앗은 재물이 아니니 오해하지마
누군가에게는 악쓰던 고함일 수 있는

그 옛일이 가물거릴 수 있다지만

마을 계모임
나누며 핏물조차 그냥 흘러보낼 수
없었던 것 말고는

이제야 더듬어보면
꽤나 지긋지긋했을 피탈(被奪)과 수모(受侮)
늘 그리 살아왔다지만

3.
한 천년을
온갖 함성들 잠겨
울림통처럼 텅 빈 정자나무 위

다들 잠든 깊은 밤에야 비로소 별빛 번쩍이는
아직도 여전히

비행(飛行)

1.
뭘 아는지
우리는 늘 너끈하다지요

얕은 개울과 위험하지 않은 완만한 개펄
바다가 가까이 있고
어느 산이든 길을 잃어도
골짜기 따라 한나절 내려가면 된다는 이 땅에서

누구보다 앞서고 싶은 꿈들과
어디든 날아가 우뚝 서고픈 절절함으로
착륙은 늘 뒷얘기일 수밖에 없다는

2.
비행에는 착륙 따윈 아예 없다는 것을
저마다 갈 곳이 있다고 생각해서가 아니라
갈 곳이야 어디서든
기갈(飢渴)을 해결할 나이 많은 할머니 코끼리이므로

갈 곳보다 비행을 먼저 시작하고 보는
불빛 찾아 포닥거리는 부나방은
추락하고 나면 무리라도 지은 떼무덤 꼴이지만

저마다,
눈에 보이지 않는 새벽 택배 배송처럼
어둠 속 첫차를 타고 일터로 가는 늙은 그림자처럼
보이지 않아 어디론가 사라져도 모른다는

3.
착륙 따윈 생각조차 못 해서 아예 모른다는
보지 못하는 착륙보다야
그중 높은 은빛 새털구름에 취해
가는 곳이 어딘지 아무도 물으려 하지 않는

비행의 흔적만 구름처럼 여전한데

4.
희생제물로 소 돼지가 인간을 대신했던 적이 언제부터였는지

헛꽃 유폐(幽閉)

스스로 유폐하고
노래히는 자
언제고 이야깃거리였지만
때로는 영웅의 운명쯤으로
찬가 불러주는 유폐의 사기(詐欺)

유폐된 자의 헛꽃을 노래하는 스스로 유폐한 자의 헛짓은

주변 핑계 삼아 권력에 붙고 입신양명에 취하여
잡초의 주인은 이름 붙여주는 식물도감이고
유폐처럼 멋진 꽃말이 있겠느냐며 헛바람 잔뜩 들어서

본성이 착한 척해도
이익 앞에서는 누구나 그렇듯
남들이 다 하는데
혼자 다 갖겠다는 데서
공유지의 비극이 비롯되는 것쯤은 알고 있지만
다들 먹어
먹을 수밖에 없었다는
뻔뻔스러움 같이 했으나
같이 해서 바로 다음에 망하지는 않는다는

꽃봉오리 맺기 전 한파든
순 틔우다 고개 떨구었든 자연재해일 뿐이라며

울부짖는 꽃망울 파묻다가
더는 견딜 수 없어 어둠 속에 묻힌 설움에 대해

비식비식 웃는 흔한 유폐의 사기를
저잣거리 각다귀도 비웃을 것이라며
다물고만 있지는 않았으면

쑥국 쑥국 밤새 울음 토하는 사오월조차
계절에 묻히고 오가는 헛소리에 숨죽인 듯 묻힌다지만

어둠 속 묻힌 설움에

식객(食客)들의 꽃 잔치

산다는 게
그런 거라며
다들 먹고 사는데
그것도 남의 살을 먹고 사는데
동물이나 식물뿐일까마는

생명을 지탱하는 방법이
경건한 기도일지라도
평화와 안식조차
우주의 평정이 멈춘 적 없듯이
먹어야 꼼지락거린다며

시작부터 꿈꿨을 포식자
최상위 포식자도 끝내는
검은 이끼 그늘 속
썩은 등걸처럼 물러앉아
가뭇없는 숲속일 터.

걱정거리 많다는 뭇 생명들
그 고민거리가
얼음장 밑 끙끙대듯
긴 겨우내 흐르던 소리였고

계절 탓이 아니라
가지 끝 새순 촉촉이 젖어
까닭이 봄빛이었다면

무릇 기대고
가는지 돌아가는지
여전히 묻고 되새김하는

태초부터 물어왔다는
이제는 그도 저도 아닌 걱정거리가

꽃들의 잔치를
깊은 골 한참을 오르고 바위너설 지나
이 높은 더기에서야 겨우 마주하나 하지만
어디서 마주하리
어둑새벽이 지나고
약한 바람에도 흔들리는 눈 깜빡임
바람결 흔적조차 생생한 꽃 잔치를.

풍경일 뿐이라며
서로가 낯설기만 한 이 땅의 식객들에게는

진경산수(眞景山水) 속 잡풀

푸른 잡풀이 흘러넘쳤다지만

도로를 만들려면
수용 땅값부터
토목 현장 함바집 상차림이야
그러려니 해도

금수강산 산수가
진경산수 그대로
쭈욱 그것도 아주 정밀하게
더러는 올곧게 빗어 넘기듯
허나
대충 자르다 보니
누가 알려
친일(親日) 할아비 숨겨둔
짙은 녹음 건드려
자랑스러운 콧물부터
흠씬 두들겨 패고 피고름까지

진경산수 속 낙엽조차
한겨울 끝에야 더욱 빛난다며
부지런히들 겉꾸미는 뒷이야기 속

차이고 밟히고 쥐어뜯긴 채
벌건 흙을 내보이며 말라비틀어져 자취조차 없는
푸른 잡풀의 기억들을

여느 입춘방(立春榜)보다

까짓것
별것도 아닌데
다들 어렵고 힘들다는데
괜스레
흉이 될까
애써 감추며 살아왔지만

그래도 새해라
늘 새해가 그랬듯
딴엔
마음 다잡아 보았지만
벌써 낼모레가 입춘인데

입춘대길(立春大吉)
어디에다 붙인들
여전히 겨워 내쉰 한숨 안 보일까마는

다시 그랬듯
누구나 어림할 수 있는
나무는커녕 풀도 없을 어느 일터든
동냥 좀 달라고 하듯 하지 않아도 되는 그저 그런

입춘(立春) 지나면 우수(雨水)일 거고
쳇바퀴 돌 듯 내몰리는

일상으로 하는 일이야 그렇지만
구부정해지는 어깨마저

유난스러운 날

IV

빈손

가을이 오면
무성한 이파리 틈으로
하늘이 점점 번지고
얼굴조차 나잇살 느는 것 같아도
빈구석마저
뻥 하니 하늘뿐인데
아니라 한들
무엇을 건지고 되돌릴까요

그저 깊은 잠
겨울 풍경 뒤설레는

풍경(風磬) 소리

그림자조차 없어야 할 듯하지만

정갈하게 비질해 놓아 외려
봄 햇살 잔물결 일 듯
배추흰나비 두어 마리 꽃잎처럼 날리고

누군가 없어서
풍경(風景)뿐인 한나절을 고스란히 건져 올려도

조금 길어진 그림자만 덩그러니 놓여 있어라

밤새 울음소리에 묻혀 그만그만하게 흘러가
그림자조차 없어도

배롱나무

날마저 뜨거워지고
열불이 나야 비로소 꽃 피우는

아찔하니 붉은 꽃 무더기 피워내어
한여름에는 바라보면 재가 될 듯
그 질긴 열병처럼

기다려도 온갖 봄풀부터
거듭 기다려봐야 초여름 기후변화 핑계 삼아
뜨겁게 달구어진 뒤에야이지만

에라이, 몹쓸 인연처럼
이제는 반걸음이 아니라 두어 걸음 뒤처져서도
못 이겨 뭉글뭉글 꽃 무리 이루는

그 맘속을 알 리 없지만

물봉선

마당에
옮겨 심을 수 없었지만

바람결 무리 속 그냥 흔들리다가
이름 안 뒤로 외려 더 애틋하여
지나쳐도 떠나질 못하고 잠든

삭은 삭정이 같은

던져 버릴 허물이

독서(讀書)

그 재미를 아직도 몰랐더냐

비 오면 나가 뛰놀며 흠뻑 젖고 싶은데요

애들아

눈 오면 들녘에 나가
끝없는 눈밭 그 너머까지 달리고 싶던데요

애들아, 이 속없는 애들아
아직도 몰랐더냐

나가 놀 때를 누가 허락했더냐 묻지 말고
아직도 읽고 있느냐 묻거라

시방도 무명(無明) 동트기 전이거늘

설해목(雪害木)

헤어짐을

궁색한 변명 나부랭이
거듭 걷어치워도
피고 졌던 까닭을
끝내 모르는데

겨울이 더 깊은 곳으로 걸어가고

골 깊은 골짜기에
무거운 눈 어둑어둑 쌓여
깊은 바닷속
한 올 귀울음조차 없는데

저 혼자
깨치는 소리로 울고 있는

얼어붙어 어둠에 갇힌

섣달그믐마저

보리암(菩提庵)

너른 길이죠
먼지바람 삼천배(三千拜)로는 열리지 않는

짐짓 먼산바라기로는 갈 수 없는

노을 물들어가는 하늘가 가장자리에
동백꽃 툭 떨어지듯이

발 담그면 비로소 오를 수 있다는

이후(以後)의 잠

뭘 자꾸 물어보는지요

물어왔던 세월이 얼마나 깊은데

묻지 않으면 혼자 화석(化石)처럼
때론 신(神)이건만
뭘 자꾸 물어봅니까

더듬지 말고
어설프게 이빨 시린 지금이
어설프게도 처음이듯

언제고 처음이 신화(神話)라거나
지금껏 세월을 공연히 너스레 놓지 말고

가시기 전에
여쭙는데요

어쩌다가 물어는 보았는지요

오늘

있지도 않았다는
어제는 알 리 없어
오늘보다 좋은 날이 없을 터

개울가 칡소
한가한 등허리 위
쉬어 가는 흰나비처럼

낙엽이든
벌레 먹은 이파리든
바람결 날리다가
물결 따라 흐르지 못한들

나중에 돌아가는 길이 보일 리 없듯이

강어귀이든
마을 들머리이든
쉽사리 마주치는
얼핏 낙엽 같은 네발나비
눈여겨 살펴보아도

가던 길
딱히 멈춘 적 없었듯

떠난 적 없어도
헤어져 가는 날이 늘 오늘이니
참으로 좋은

버스정류장

길을 나섰다지만

오뉴월 흩뿌리던 빗줄기 더듬어본들

잎사귀 한 잎 떨어질 리 없는데

흔들리듯
혼자서도 묻질 못하고

때 일러 병들었나
한두 잎사귀 문(門) 두드리듯 거기일 테지만

온갖 풍문 다 눈 감아도
더 보태 구구절절 시시비비 가린다 해도
혼자 실연(失戀)이라는데

거듭 되짚어 생각한들
딴엔 먼 구름만 바라보다 버스 두엇 놓치고는

떠나보내야 하는지

바람결에 버스를 놓치고 떠가는 가로수 그늘처럼

헛웃음 핑계 삼다가

헤어지며

길바닥 질경이처럼

나는 물론 내 삶에서는 주동 인물이지만

모름지기 잡초 지푸라기이니

누군가의 어느 기억 속에서도
흙내조차 없기를

아마도 오늘 집에 돌아가면
질경이 메마른 한겨울조차 길바닥에 흔한
질경이 나물 그 못난 맛에

누구나 여전히 안다고들 하여도

내림 손맛에 익어
질경이처럼 흔하디흔한
내 일상에 푹 젖어 살아가듯이

다음에나 어쩌다 또 보자며

그리 떠나들 가십니까

그 자리에 가고 싶었습니다

내리는 비에 젖어 드는 것이 눈물뿐이겠습니까
찾아가며 펼쳐 든 우산이 너무 작아 가슴 가득 빗물을 안고 간들
돌이켜 거듭 떠올려도
이제 봄풀 들녘 달려갈수록 벅차오르던
흙냄새 때문만이겠습니까
고향이야 다들 다르지만
봄빛 물 냄새가
봄빛 흙내 풀 비린내가 모두 다르다지만
봄빛처럼 눈 껌뻑이며 슬그머니 다가와서 끝내 주저앉히고는

아무리 어둑해도 그 자리에 엎드려 눈물뿐인 절을 올리고 싶었습니다

공주(公州)

밤새워 뒤척이지 않아도

칠흑 어둠 속 금강 위
별빛 물비늘 은하 흐르다가
새벽안개로 내려앉아야 비로소 보이는
하늘의 속내를

이제껏 다 놓쳤어도
시목동(柿木洞) 어스름한 느티나무 아래
어부집 한 말들이 양동이 막걸리 위로 어느새
번쩍이는 별빛들 온 밤 설레었던
그 깊은 만만세(萬萬歲) 금강에 맺힌
짙은 농무(濃霧) 속을

이제는 가뭇할는지 몰라도
넋 놓고 건너다보아도 여전히 부릅뜬

아무리 깜깜해도
저녁샛별처럼
하나만 별 떠 있던 적 있었더냐며

북어 껍질

전에는 우금치 너머 장터에서
약으로도 팔았다는데

빛바랜 종이 같은
북어 껍질 우물거리며
탁배기 한잔 걸치다가

국화 꽃잎 두엇 얹어
문창호지 새로 바르던
어릴 적 안마당 가을 햇살이
지금 같지 않아서인지
목에 자꾸 걸리는 까닭을

저쪽이 과수원이었고
그쪽은 미나리꽝 자리였는데
새벽녘 골안개 홀로
숨죽여 흘렀던 속 깊은 강 옆으로
어느새
가쁘게 몰아쉬는 불빛 네온사인처럼
널브러진 민낯의 욕망과 집착을 멍하니 바라보다가

빛바랜 창호지처럼 말라비틀어진
북어 껍데기
안주 삼아 우물거리며

우금치 너머에선 아직도 약으로 사고판다는데

달마도(達磨圖)

달마(達磨)가 떠나면서
한 말씀 하셨는데

엊그제 제발 꿈결이 아니길
거듭거듭 여쭈었더니 말씀이

바라보는 눈 너무 많았다며
쓸데없는 눈물에 보태라며

그간 없는 돈 몇 푼 올렸던 불전(佛錢)에 보태라며

못난 화상(畫像) 덕에
가슴속 눈물 몇 겁(劫)을 흘려도
차마 내비칠 수 없었으니

꼭 하루 가진
짓물러 터진 눈물에 보태라고

내가 들은 말은

가야산(伽倻山)

가야산에서 바랑을 하나 샀다

산이 깊다고 해도
물이야 노상 그런대로 흐르듯
달 지면 깜깜한 숲속이야 매한가지

그래도 자랑거리 하나
흥정마저 더해서 샀다
욕심을 줄인다고 대, 중, 소 가운데
중짜로
사놓고 몇 날 몇 해가 지나쳤는지 모른 채

그 시절이야 시방처럼
먹빛 바랑은 그대로였지만

가슴에 바람 일렁이는지
귀 기울여 듣고 싶다며

어깨에 멘 적 없는 바랑을

늘 그대로인데

구겨진 구두

1.
스무 살 무렵 하룻밤 묵고 간 선배의 구겨진 구두에게

넌지시 물으셨던 말씀이
같은 과 동문이냐며

번듯하니 닦인 구두도 아니고
구두약 한번 묻힌 적 없을 구두가
치기 어린 제게는
채석강 절벽처럼 오래 묵은 빛이라
닳고 구겨졌지만 더는 묻지 않으셨나 합니다

구두를 왜 빛이 나도록 닦아야 하는지에 대해 여쭙지는 않았습니다

간혹 신는 구두를 그렇게 닦은 적도 없었고
흰 고무신보다는 검정 고무신이 편했던 것처럼

어쩌다 들른 손이
댓돌에 벗어놓은 푸른빛 가지런한 흰 고무신 보아왔지만
닦아놓아도 뒤껻이라도 서너 번 다니면 그러려니 해서
모시보다 베적삼이 반갑듯 그럴 뿐이었습니다

큰맘 먹고 마련해주신 모시 바지저고리
어느 여름날 한 번 입고 버려둔 지 오랜 까닭이
모시 두루마기 갖추지 않아서가 아니라
그저 남들 보기일 뿐이라는 걸 아시듯

2.
그날 묵고 간 선배는
선배라는 말처럼 먼저 다녀갔습니다
구겨진 구두만 남겨놓은 채

노고단 그 후

꽃이죠
꽃이고 꽃이지만

처음부터 이름 따위는 없었습니다

지천으로 계절 따라서 지고 피는
나름이었다고 한 적마저 없었던

언뜻 스치던 바람 같았다면
아마 견우직녀쯤이었을 것이고

견우직녀 오작교는
내일이라는 약속마저
한 적이 없었다고들 하는데

믿었던 내일이 떠난 뒤로
절대로 알 수 없는 과거를 남겼습니다

눈만 감아도 만질 수 있다는

일 천하고도 오백 미터가 넘는 산마루
운무 속 꽃들이

아예 보고파서
화엄사 굽은 기둥 뒤 산길을
가쁜 숨 몇 번인가 몰아쉰 뒤에야

만나고 만나서야 같이 하였다지만

노고단
마루턱에서 떠나보낸 산노을
늑대처럼
울음 속에 숨지는 않았습니다

애초 이름 따위 없었고
절대 알 수 없는 과거를 같이 하였다 하지만

한가위 가르침

1.
나를 아느냐
달마(達磨)가 지 못난 화상을 그릴 리 없는데

그림이야 누구든 그리되

진짜 한우 푸줏간
근당 얼마인지를
물어본 적 있더냐

2.
누가 그럽디다
명절 중추가절(仲秋佳節) 한가위라는데

말들이 많아
뭐가 국산인지
낼모레 명절 경동시장 쇠고기 근(斤)에
호주산 만 원
미국산 만이천 원
국내산 만사천 원

친구는
빠듯한 친구는
오호 국내산이 그리도 싼 값에
혹 늙은소 죽은소 거세소 하다가

그게 달마(達磨)지 라며

새벽녘
일단 숨 좀 고르고
더구나 대목 명절이라는데

3.
걸게 그림부터
멍한 초상화는 그렇다 해도
어설픈 화두(話頭) 따윈

화상이 그러하거늘 누구를 탓하겠느냐
갈 뿐인데

선릉역 지나치며

갈 곳이
선릉(宣陵)인 이유는 없어

그냥
어느 주검이 묻힌 곳인지는
알려고 한 적 없지만

바쁘고 지친 마음 추슬러 가며
그래서 늘 지나쳐야 했지만

죽을 때가
아직은 아니라 살아야 하는지
살기 위해 돈 벌고 살아야 하는지
깃들 수 없을 전(全) 생애가

까닭이
무덤인 선릉 아니지만

오직,
숨통이 다 묻혀도 살아남기를
흔들리지 않는 서울
도시철도 2호선 맴돌며 다니다가

멍하던 눈길 애써 지우고
선릉 지나면 은근 내려야 해서도 아닌데

내려본 적 없는 선릉역
다시 지나치며

툇마루 늙은 호박

넝쿨이 번지듯
바라만 보지 못하고

물도 곬을 따라 흐르듯
기다림도 그러하리라 하였지만

여름 가고 가을 깊어지기 전에도
넝쿨 누렇게 뜨며 다해 가거늘

연두저고리 호박잎 맛이 어찌 사위어가도
끝내 여물로도 쓰지 못하는데

푸석하니 빛바래
툇마루 귀퉁이에 쪼그려 앉아 기다리다가

바람결만 지 혼자 풀풀 날리며 달아나는

악다구니라니 신세타령인 것을

전(煎)

비 오는 날 전 맛이
그만인 이유야

채 말을 잇기도 전에
한잔 끝이
빗소리를 이고 있는 먼 풍경과

허름한 농막 비스름하여 비 들이치지만
눈길 주어야 반기는 저기쯤 금낭화
홍천 그 옛집처럼

굳이 주막집이라며
안줏거리로 시장기를 가릴 수 있고
맛이 아니라
언제고 딴소리도 할 수 있는

훗날
진눈깨비 추적거려도
딱 고만큼 쓸쓸한 겨울날이므로

참나리

발걸음 저만치 두더니
무심결 바라보는 나리꽃

서울 산65번지
나어려 그것도
혼자 떠돌던 뒷그늘 처음부터

나서면
동네 어귀에조차 흔하디흔해
먼 산 말고
길섶 어디든 언뜻언뜻 보였는데
낯설지 않았는데

더듬어야 보이려나 이제는
여전한데 어디서 보려나

숨긴 적 없어
뒤늦은
애틋한 그리움조차 없거늘

아예 눈을 감으면
주근깨 고이 박혀 더 반가운 참나리꽃

발걸음 저만치 두더니

겨우 손길을 잡으려다 주춤거리는

으름

인간의 꿈이 끝없는 사랑인 줄 뉘가 알까요

높은 구름 지나는 사이에 걸린 거미줄처럼

그러다 걸린
설익어 푸른 가을쯤 내다 버릴 줄 안다고 한들

혹 아니 뒤늦게 알아채며 수습한
과거의 백골 더미 애써 외면한들

고작 거미줄에 걸린 날것들처럼

때론 경건하니 올곧은 사랑과
좌절이거나 배신, 온갖 변명 구차한 것들

시절(時節)을 뒤엎을 만한
막판 떨이쯤 지나서도 사막의 모래폭풍만큼
가없은 사랑에 대하여

으름 날 것이라야 한나절 지독하니 떫을 뿐인데

*으름: 으름덩굴의 열매

편지

그냥 아침이네요

한참을 그래야 한다면
눈을 꼭 감고 그 자리에 있겠습니다만

마치 기다린 듯
봉오리 떨어지고
그리운 만큼 멀어질지언정

들불로 헐벗은 구릉
타다 남아
숨 죽은 불김조차 외려 서늘하여
먹먹하니 사뭇 밀려와도

노을 너머 묻히지 못하고

언젠가 다하고 흩뿌려
다시는 먼눈으로도 볼 수 없어도

끝내 붙일 수 있을 거라며

최욱경 선생 추모전을
- 오래전이었지만

모습을 보고 말하지 마라
어머니 몸속이라면 그런가 하는 것도
아마 구중심처(九重深處) 개화(開花) 속 삶의
씨방일런가도 고개 주억거리지 마라

살아생전 누구든 만날 수 있지만
만남의 물결이 매번 잠시일지라도
거친 비바람에 흠뻑 젖어
언제고 감당할 수 없었던 물결이었고
치솟던 물보라가
혹한(酷寒) 하늘 퍼렇게 얼어붙었다지만
멀리 드문드문 새치처럼 흰머리
흩어진 깃털쯤이거나
내리던 눈조차 딱 멈춘 혹한일지라도

산 뒤집어 가득가득 산인데
눈에 보이는 산이 어디에도 없었을 뿐.
산속에 산을, 산을 이고 지다 끝내
일렁이는 물결 산들을
산울음 노을빛에 잠겨가는 산들을
헤어지며 돌아가는 길

관악이든 '경산 산'이든 가늠하지 말자며
다시 되뇌는 까닭을

그해 추모전을 찾아가며
왜 그리 추워했는지에 대해서도

*서양화가 최욱경(崔郁卿, 1940~1985)
*1987년 국립현대미술관에서의 추모전
*<경산 산>: 최욱경(1981년 작). 캔버스에 아크릴릭. 80×177㎝

폭우(暴雨)의 끝자리

숱하게 스쳐 지나갔지만

더듬을 수 없을 정도로
깊었을까요.

늘 그 시각 그 자리인데

빗물 넘쳐 잠겼다가
쏟아진 토사 위 상륜부(相輪部)가 어쩌다가
보이고

끝자리 서성이며
기다린 세월이 다 걷어낸들

겨우 몇 층 석탑이라는 정도나 다시
되뇔 텐데

눈가늠으로도 어디든

진원(震源) 따위는 어림할 수 있는데

해설

그림자 속을 걷는 고독한 존재의 기억

박 수찬(시인)

1.

　시는 한 시대의 정신의 절정이다. 문학의 정점에는 시가 있다. 시는 서럽도록 아름다운 세상과 생의 살아있는 표정을 압축된 언어로 표현하여 가장 적절한 형식에 담아낸다. 어린아이가 아인슈타인에게 '죽음이 무엇입니까?'하고 물었더니 아인슈타인은 "죽음이란 아름다운 음악과 시를 더 이상 들을 수 없는 것이다"라는 의외의 답을 했다 한다. 죽음은 온갖 아름다운 것 특히, 시와의 이별인 셈이다.
　시란 무엇이기에 시인은 아무도 깨워주지 않는 꿈을 계속해서 꾸고 있는 것인가. 시인은 그 꿈을 부여잡고, 수많은 사물의 이름을 부스러지지 않도록, 마음으로 더듬으며 결국 있게 될 말을 먼저 외치고 있다. 시는 아름다운 정서를 통해 자아를 찾아가는 일이다. 드넓은 세상을 살아가고자 하는 진실한 마음이다. 순간의 아름다움을 영원함으로 저장하는 일이다.
　이규철 시인과는 아이들을 가르치는 동료 선생으로 만나 오랜 술친구이기도 하지만 시를 사랑하는 점에서 같은 길을 걷는 도반이다. 첫 시집인 『계룡산』의 해설을 써 준 인연이 되었고, 첫 시집 이후에도 카톡방에 끊임없이 시를 써서 보냈다. 나는 열심히 읽어주는 충실한 독자가 되었다. 이규철 시인은 어디에서 그런 감성이 솟아나는지 부러울 따름이다. 첫 시집 이후 4년 만에 두 번째 시집의 해설도 청하였다. 그동안 시를 읽으며, 가끔 댓글을 달아 왔기에 기꺼이 쓰게 되었다.

서평이나 해설은 고백건대, 평자의 주관성이 개입될 수밖에 없다. 왜냐하면 시는 사실보다 느낌을 다룬다. 시인만의 단독적인 느낌이기 때문에, 시인이 시를 쓰는 구체적인 맥락과 상황을 이해한다는 것은 실로 난감하다. 김수영 시인은 "시란 나만이 쓸 수 있는 글이어야 한다. 즉 개성적인 글이 되어야 한다"고 말한 것처럼, 나만의 단독적인 느낌의 세계를 표현한 언어이기 때문에 시를 감상하는 것인지도 모른다. 우리가 추상화를 감상할 때 보는 사람에 따라 다양한 느낌과 감정을 불러일으키듯이, 시를 감상하는 것도 이와 별로 다르지 않다. 그렇다면 나의 해설은 또 다른 느낌이라 여기고 읽어주시기 바란다. 독자들은 또 다른 각자의 느낌으로 감상할 때 시는 당신 곁에 머물 것이다.

2.

시집 『팔베개』는 시인의 두 번째 역작이다. 오래 살아온 삶의 궤적과 경험적 산물을 꿰뚫는 통찰이 주류를 이룬다. 첫 시집보다 삶의 관심은 다양해지고 확장되었다. 대상에 대한 직관적 사유와 자연의 순연한 질서에 대한 경외, 생명에 대한 따뜻한 시선과 연민은 물론 성찰적 사유와 인식의 알레고리를 가감 없이 보여준다.

그림자조차 없어야 할 듯하지만

정갈하게 비질해 놓아 외려
봄 햇살 잔물결 일 듯
배추흰나비 두어 마리 꽃잎처럼 날리고

누군가 없어서
풍경(風景)뿐인 한나절을 고스란히 건져 올려도

조금 길어진 그림자만 덩그러니 놓여 있어라
밤새 울음소리에 묻혀 그만그만하게 흘러가

그림자조차 없어도

- 「풍경(風磬) 소리」 전문

고즈넉하고 적막한 풍경(風景)이 먼저 떠오른다. 그곳은 산사보다 암자쯤이 더 어울릴 것이다. 화자는 풍경(風磬)과 풍경(風景)을 묘하게 겹쳐 놓는다. 사람은 물론 그림자조차 없는 풍경 속에 밤새 홀로 우는 풍경 소리에 그 삶은 쓸쓸하고 처연하다.

세상살이에 숙명이 있으랴
길섶 겨울 민들레처럼
흐느끼는 바람 속 서성이다가

바람 가던 길
문득 멈추어 선

괜한 눈물이야 그러려니 하면서도

- 「괜한 눈물」 일부

말이 쉽지요
아버지부터 어머니 바싹 말라
온갖 눈물샘 핏줄마저 눈물처럼 불퉁그러진
마른 삭정이 곧 부러질 듯 메마른 손마디 쓰다듬다 몰래 훔친 눈물처럼
...중략...
긴 겨우내 모진 눈보라 혹한마저도 어쩌질 못했는가
바싹 마른 나뭇잎 여전히 남아 밤하늘 별빛인 양 성긴 가지 위 하늘 수놓은

천변 여남은 느릅나무들이 떨군 싸락눈같은
눈물 방울 바싹 마른 나뭇잎처럼
...중략...
눈물이 그렇듯이
떠나보내야 하는 눈물이야 쉽지만

- 「눈물이」 일부

사람살이가 어디 순탄하겠는가. 가까이는 피붙이가 그러하고, "동무하던 옛길 길섶의 이슬 같은" 눈물이거나, "사랑의 헤어짐에 새벽녘 바지 기슭 적시던 눈물"이 있다. 더군다나 소외된 인간의 존재가 서글퍼져 괜한 눈물을 흘릴 수밖에 없지 않은가. 그 슬픔의 눈물은 극히 주관적이다. 눈물은 인간이 나타낼 수 있는 삶의 결정체이기 때문이다. 「눈물이」 시에서 보여주는 눈물은 서럽게 아름다운 슬픔의 미학이다. 인간이 흘리는 눈물처럼 순수함은 없다. 하여 "한겨울 북풍에 살을 에듯 울던 소리"는 풍경(風磬) 소리가 되어 밤새 울음을 지새우기도 한다.

눈물은 사라짐이 아니라 존재의 가장 내밀한 흔적이다. 삶을 견딘다는 것은 이해가 아니라 응시의 힘을 요구한다. 소외된 자는 죽음의 의미를 생각한다. 끝을 묻는 자만이 시작의 의미를 알듯이, 시인은 그림자 속을 걷는 고독한 존재일 수밖에 없다.

3.

시인은 자연과 일상의 구체적인 체험과 관찰을 통해 삶의 가치와 의미를 부여한다. 화려한 꽃들이 아니라 우리가 흔히 지나치는 잡초 같은 풀과의 대화를 통해 영감을 얻어내고 미적 질서를 발견해 낸다. 혹은 시인이 관심을 보인 꽃들 속에서 소소하고 사소한 것들에 담긴 생명의 희망을 우리에게 보여준다. 시인은 자연을 통해 현대문명 속에서 물질적으로 소외된 상처를 자연의 미적 의식을 통해 복원하는 꿈을 꾸고 있는지도 모른다.

팔베개
해본 적 없어서인지
같이
매발톱꽃이 늘 보던 그 빛뿐이지는 않다며

매발톱꽃이지만

해설

빛 따라 이름 두어 글자 비틀어 노랑매발톱꽃이면 어떻고 하늘매발톱 꽃이면 어떻고

산이든 호숫가이든
밥집 밑반찬이 열무김치 달래 된장찌개 머위나물 씀바귀 홑잎나물 돌나물 미나리 원추리나물 그 무엇인들손님 부름에 달려가는 이국의 서툰 우리말이면 어떻고 주인장의 나긋한 말씨면 어떠랴

된장 뚝배기 바닥을 긁다가 김치 국물 한 수저 목구멍 넘기고야 일어서니

문 나선 길섶에
매발톱꽃 환하니 고개 숙인 손짓을

-「팔베개」전문

툭툭 던지듯이 무관심하게 하는 말투는 그것을 잠언이라고 불려도 좋을 시구들을 시에 장치하여 감칠 맛 나는 시로 만들어 낸다. 시집 제목이기도 한 팔베개의 의미는 인간이 나누는 사랑의 행동이다. 인간들은 대상을 만나면 비교를 해보기도 하고 차별을 둔다. 감정과 욕망에 매몰되어 집착을 하기에 소유하려고 한다. 시인은 자연에 흩어져 피어나는 꽃이나 나물들이 저마다의 개성으로 살아가는 생명의 소중함을 들려준다. 매발톱꽃이 환하게 웃으면서 팔베개를 내어 준다.

가기는 가는데
급하게 편지를 쓴다

차창 너머
맨날 지나치는 먼 산이 이리도
가까운데

편지를 읽다가 잠시 내려야 했다

        이름조차 아뜩하여
        몰랐던

        첫사랑을
                                        -「민들레」전문

    화자는 민들레에서 잊힌 아득한 첫사랑을 꿈꾼다. 앙증맞고 노란이미지의 첫사랑을 어찌 잊겠는가. "급하게 편지를 써 보고" 싶을 정도의 간절한 첫사랑이다. 누구나 간직한 아슴아슴한 비밀에 가슴 떨리는 날이다.

        한 보따리씩 챙긴 욕심들이 죽음을 무시한다면
        결국은 떨어져 뒹구는 감꽃이라면

        가지마다 매달린 꽃꼭지 떨어져야 하듯
                                        -「감꽃」일부

    숙명처럼 받아들일 죽음조차도 인간의 욕심은 집착한다. 떨어진 감꽃에서 주검을 응시하고 생명의 순환을 보여준다. "저 혼자 깨치는 소리로 울고 있는" 「설해목(雪害木)」에서는 심산 고봉 위에서 혹한을 견뎌내며 지난한 삶을 살고 있는 설해목을 본다. 마치 수도승처럼 수행하는 고통과, 인간 본질의 삶을 깨우치는 나무를 만나 기도 한다. 「배롱나무」에서는 "열불이 나야 비로소 꽃을 피우며" 질긴 열병을 견뎌낸다. 뭉글뭉글 꽃무리 이루는 그 꽃은 생명의 아름다움이 저절로 이루어질 리가 없는 인고의 시간을 묵묵히 견디게 한다.

        구경꾼 하나 없어도
        온 생애를 다하듯 흔들며 피는 꽃이 보기에 흔하랴
        …중략…
        무성한 꽃말 속에 살아 숨 쉬는 꽃이 있을까만은
        다들 그렇게 피고 지듯이 눈길조차 준 적 없듯
        …중략…
        울타리든 길가, 도롯가든

다시 피어나듯 푸른 잎 물결 설레는
- 「온 삶을 다해 피는 꽃들이」 일부

잡초라는 개념은 인간이 경작지에 목적을 갖고 재배하는 작물의 상대적 개념이다. 거친 땅에도 주저하지 않고 강인한 생명력을 이어가는 잡초는 살아있음의 증거이자 삶의 치열한 의지이다. 사람의 손길이 닿지 않는 곳에서 싹을 틔우고 꽃을 피우는 모습은 소중히 여기면 세상 어느 꽃보다 귀한 것이다. 잡석(雜石)이 쓸모없는 돌이지만 그 속에 기대어 온기를 담아 봄동을 피워낸다. 「진경산수 속 잡풀」에서는 "차이고 밟히고 쥐어뜯긴 채 / 벌건 흙을 내보이며 말라 비틀어져 자취조차 없는 / 푸른 잡풀들의 기억들을"의 구절에서 온갖 수난을 당하고 핍박받는 민초들이 질긴 생명력을 견디어낸다. 「망초, 개망초의 독립운동사(獨立運動史)」의 시를 살펴보자.

누구도 이름 따위는 없었다
빼앗기고 돌아보니 망초 개망초뿐이었지만
...중략...
망초 개망초 번져가는 이유가 가난한 봄날 끼니마다 상에 오르던 나물밥 재료만이었으랴
...중략...
이리들 번져 꿈결 내달리던 새벽녘
그 환한 묵정밭 망초 밭에 맺혀다가도 끝내는 겨울에 묻히고 날려 흩어질지라도
...중략...
망초 개망초 후드득 적시는
새벽이슬 후드득 적시는 묵정밭에 널린
망초 개망초의 독립운동사(獨立運動史)를
- 「망초, 개망초의 독립운동사(獨立運動史)」 일부

역사를 이어 온 것은 결국 민초들의 질긴 생명력과 저항이다. 하여 시인은 거창하게 독립운동이라 당당하게 말하고 있다.

4.

　본래 외로움과 고통을 껴안으며 태어난 사람이 시인이라면 시인은 저절로 발길을 옮긴다. 여행은 타인을 향한 것이 아니라 자신을 향한 여정이다. 시인은 대상을 통해서 가치와 의미를 부여하고 내면의 세계를 보여주어 시로 승화한다.

　　　잠든
　　　마애불(磨崖佛) 발꿈치 뒤로
　　　슬그머니
　　　섬 능선 오르다가 언젠지
　　　멈춰 선

　　　저 혼자 담을 수 없어라
　　　노을조차 머문 빛깔
　　　그 못된 그리움이
　　　미친 듯 웁디다요
　　　　　　　　　　　　　-「서해 군도(西海 群島)」전문

　노을조차 머문 빛깔 같은 물든 섬 사이 풍경을 본다. 그 못된 그리움이 복받쳐 오르는 감정은 혼자 보기 아까워 그리운 사람을 불러내고 있다.

　　　소식 듣고 울었다며
　　　헤어져 돌아가서는 아내 붙들고 처음으로 울었다며
　　　...중략...
　　　뒤돌아보면 모래바람 속 뒤집히기를 모를까마는
　　　괜한 비바람에 쓸려 뒹굴다 낯익은 모래벌판 꽃무지개처럼
　　　구순(九旬) 너머 굵은 핏줄만 선연한 손 등 위
　　　닳고 닳은 껍데기 소라처럼

　　　더는 들려줄 이야기 없을지라도 끊임없을
　　　이 지상에 초라한 이별과 회한이거나 흔한 눈물이거나

>   돌아서서 결국은 혼자들 돌아가고 마는
>   ...중략...
>   보길도 몽돌해변 밤물결 구르던 소리처럼
>
>   - 「보길도(甫吉島)」 일부

　보길도는 남녘 쪽빛 바다에 떠 있는 아름다운 섬이다. 고산의 풍류가 배어 있고, 빽빽한 동백 숲과 청별항의 푸른 이별이 아름다운 곳이다. 시적 화자는 그러한 풍경보다는 사람살이 속에 서러운 이별과 회한이 "몽돌 해변 밤물결 구르던 소리처럼 서글퍼져" 홀로 발길을 옮긴다. 「갯땅」에 이르러서도 진눈깨비 날리는 겨울 바닷가 텅 빈 풍경 앞에서 화자의 그리움은 사무쳐 온다. 그저 바람에 주억거리는 마른 갈대 소리를 들으며 서성이고 있을 뿐이다. 말하자면 그리움은 기억으로 존재할 때. 의미가 있음을 시인은 안다. 과거와 현재 사이에 쓸쓸한 풍경의 세상이 놓여있다.

5.

　시인이 보는 대상은 부처님의 언저리이다. 산사나 고요한 암자를 오르기도 한다. 마애불 또는 달마도, 석탑, 석불 등의 대상을 통해 부처의 말씀을 에둘러 비유한다. 가람 깊숙이 들어앉은 산을 통해 삶의 이면적 비의를 깊이 통찰한다. 그 안에서 존재의 깨달음을 투명한 심상으로 들려준다.

>   너른 길이죠
>   먼지 바림 삼천배(三千拜)로는 열리지 않는
>
>   짐짓 먼산바라기로는 갈 수 없는
>   노을 물들어가는 하늘가 가장자리에
>   동백꽃 툭 떨어지듯이
>
>   발 담그면 비로소 오를 수 있다는

─「보리암 (菩提庵)」전문

   암자를 오르는 길은 너른 길임에도 불구하고 삼천배의 고행에도 오르지 못한다. 그렇다, 욕심을 내려놓고 마음을 비운 신실함이 있으면 오를 수 있다는 것을 깨닫게 한다.

   닫힌 문이 없다는데

   문은 없는데
   출생부터

   보이지 않아서
   더듬지 못해서촉수(觸手) 탓은 더욱 아니고

   그냥 가면 된다는데
   죽음처럼 돌아온 자 없었다지만
   죽은 자 넘쳐도
   참으로 떠난 자 없어 돌아온 자 없다는데

   비바람 진눈깨비 추적거려 더 애절한들
   닫힌 문 어디에 있을는지

   태초부터 없었다고들 하던 데

─「문(門)」전문

   문(門)은 사람의 태어남과 죽음의 문이다. 불가에서는 사람의 생멸이 없다고 한다. 생로병사의 고통에서 벗어나 깨달음에 이르는 길을 보여준다. 애초부터 사람의 태어남과 죽음이 없듯이, 인생의 고통은 모든 결과에 따른 원인이 있다. 불교의 철학적 사유를 통해 읽는 이에게 묻고 있다.

   누구에게도 묻지 않았고
   물어본 적 없어서

> 흔히들 태곳적부터라지만
> 아예 물어본 적 없을 시원(始原)
> 그 하찮은 물음에 대해서
>
> 새삼 일깨우는 까닭이
> 고작 사랑 따위
> 이제 눈가 짓무른 사랑
> 흔하디흔한
> 동식물 우주 아니 검은 별 암흑 따위도 말고
> 뭉게구름이
> 저 언덕에 머문 적 없었냐고 묻는
> 바보짓 말고
>
> 뭉게구름이
>
>   -「뭉게구름이」전문

구름이란 본래 없다가 우리 눈앞에 나타난 것이고, 있음이 지나면 없음으로 돌아가는 것이다. 본래 만물은 고정불변하는 실체가 없다. 일체의 만물은 단지 원인과 결과에 얽혀진 상호 관계이기 때문이다. 따라서 우리를 새삼 일깨우는 까닭은 생의 고통이란 지나가게 되어 있기 때문이다.

6.

이규철 시인의 시적 주체는 고정화되어 있거나 완성된 주체가 아니라 대상과의 관계 속에서 주관적 경험을 통해 새롭게 인식하고 체험하는 것이다.

> 키가 전봇대만 하다가도
> 어느 때는
> 도시환경 정비 핑계 삼아 다시 심은
> 고만하니 수줍은 가로수만 하기도 하다가

해 길게 그림자를 드리우면 때로는 자리에 없기도 하고

　　못내 지우지 못한 그리움 따위야 매한가지일 거라며
　　눈길 건네는 이 하나 없지만

　　아무 때나 다시금
　　퍼질러 앉아 철 지난 신문을 읽거나
　　땟국에 절은 등긁이로 이따금 손등을 긁기도 하는

　　그나마 아직은 따사로운 오후 햇살 속
　　시장 문턱 건너편

　　국밥집 멍해진 유리 출입문에 갈겨쓴 폐업철거
　　빛바랜 글씨처럼 그슬려 있는 노숙인(露宿人)이

　　언제부터였는지 누구도 묻지 않는

　　　　　　　　　　　　　　　－「동상(銅像)」전문

　아무도 관심이 없는 거리의 동상은 노숙자와 같다. 크기가 작지는 않을 터인데 사람들은 무관심하다. 그림자가 드리우면 없어지기도 한다는 표현을 통해 소통이 단절된 인간 사회를 통렬히 비판한다. 오래 거리에 존재해 있어 빛바랜 동상은 도심에서 소외된 존재로 노숙인처럼 무료함을 견디고 있다.

　　길을 나섰다지만
　　오뉴월 흩뿌리던 빗줄기 더듬어본들
　　잎사귀 한 잎 떨어질 리 없는데
　　흔들리듯
　　혼자서도 묻질 못하고
　　때 일러 병들었나
　　한두 잎사귀 문(門) 두드리듯 거기일 테지만
　　온갖 풍문 다 눈 감아도
　　더 보태 구구절절 시시비비 가린다 해도
　　혼자 실연(失戀)이라는데

>   거듭 되짚어 생각한들
>   딴엔 먼 구름만 바라보다 버스 두엇 놓치고는
>   떠나보내야 하는지
>   바람결에 버스를 놓치고 떠가는 가로수 그늘처럼
>   헛웃음 핑계 삼다가
>
>   -「버스정류장」전문

오뉴월 나뭇잎 하나 떨어지는 사소한 풍경에서 실연당한 아픔을 말한다. 거듭 생각해보면 화자는 버스를 두엇 놓칠 정도로 심각하다. 잎사귀 한 잎에도 온 우주의 이치가 담겨 있기 때문이다.

「구운몽(九雲夢)」에서는 도시에 사는 화자는 물안개 마주하듯 매양 꿈속이다. 지하철을 타도 내리지 못한다. 도심에서 소외된 자아는 「장마라는데」 시에서 보이듯이 지금껏 살아온 구부정한 삶이 마치 "혹 치매(癡呆) 끝에 매달린 / 산속 개복숭아처럼 뭇 새가 파먹다 버려둔 가지 사이 성긴 그늘처럼 / 눈가에 괜스레 슬쩍 떨어진 낙숫물처럼" 갈 곳을 잃어 버린다.

우리 사회는 팬데믹을 거치면서 고독은 특별한 감정이 아니라 일상의 일부가 되었다. 타인과의 거리는 물리적, 정서적으로 멀어졌고, 공동체는 분절되고 파편화되어버린 삶을 이야기한다. 정작 시인은 도심의 많은 사람들 속에서 소외된 감정의 외로움을 느끼지만 기실, 스스로 고립된 상태의 자발적 고립을 선택하고자 한다.

7.

시집 원고를 받기 얼마 전에 시인의 모친이 돌아가셔서 문상을 다녀왔다. 치매에 걸리셔서 요양원에 보내드린 자식의 구구절절한 사모곡이 시 속에 배어 나온다.

>   어찌 내 맘뿐일까요
>   노을 깊어지다
>   멍하니 어둠뿐이라

제 그림자마저
　　　더듬을 수 없던 적 한두 번이 아니었듯
　　　일상처럼 마주하는 이 낯설음
　　　매번 눈물일지라도
　　　울컥거리는 칠흑 그늘 속이
　　　외려 어머니 품속처럼

　　　옆에 누워 긴 밤
　　　그대로 잠들 수 있었으면

　　　　　　　　　　　　　　-「사모곡(思母曲)」전문

　그동안 치매를 앓으시는 어머님을 요양원에 보내 놓은 자식의 애타는 심정이 잘 드러난다. 일상처럼 마주하는 이 낯설음에 혼란스러운 것은 화자 자신이다. 정작 치매를 앓고 있는 분은 오히려 평안하다. 마른 삭정이 곧 부러질 듯 메마른 손 쓰다듬다 옆에 잠들고 싶지만, 매양 눈물의 세월이다.
　세상의 어떤 사랑도 어머니만큼 깊지 않다고 했다. 어머니라는 말 속에는 사랑, 희생, 인내, 용서 등의 숭고한 감정이 담겨 있다. 어머니는「독백」이라는 시에서 "아침마다 와서 아비야 고맙다 / 얼른 네 집으로 가거라 / 늦으면 더 더워지고 돌아가기 힘들텐데"하시던 어머니의 깊은 사랑은「우화등선」에서 또 다른 자식을 걱정한다. "병든 자식 요양원 어디에서 / 구겨진 종이장 모양 젖어 있지는 않은지 / 혼자 말하시는 어머니"에 오면 이런 슬픈 시를 만나게 된다.
　기실, 시인의 남동생도 안타깝게 요양원에 입원해 있다. 어머님과 남동생까지 요양원 신세를 져야 하는 삶을 시인은 어찌 말로 표현할 수 없는 고통일지 적이 상상이 간다. 「삼매」라는 시에 "제 딴엔 멀쩡한 동생이 싸 놓은 똥을 맨 손으로 거듭 치우면서 / 제 똥을 손으로 주무르는 동생에게" 그 광경이 삼매에 빠진 고요함이나 집중의 상태라고 하니 남몰래 치를 아픈 피붙이의 가족사를 내보이는 시인을 보면 내가 아득해진다. 그것은 나의 아픔과 남다르지 않기 때문이다.

　　　어머니가 생전에 남긴 유품들을

끊어져 다시 묶고픈 그 동아줄로
마지막 염습처럼 꽁꽁 묶어 갈 수 있도록 눈감아 달라고
- 「나비의 꿈」 일부

시인의 모친 이별은 나비가 허물을 벗고 훨훨 날아 하늘 어디에서 평안한 신선이 되었으면 하는 자식의 바람이 아닐까.

8.

시인은 남들이 보지 못하거나 간과하는 것들에게 생명을 불어넣어 새로운 의미를 부여하는 사람이다. 상상적 경험 속에서 시가 그려내는 파동을 낱낱이 깊이 사유한다. 우리는 존재가 필연적으로 거느리는 쓸쓸함과 아름다움, 그리고 걱정과 상처를 동시에 발견한다. 아울러 시인은 사물의 아픔을 읽는 사람이다. 시 속의 적절한 비유는 말의 화려한 꾸밈이 아니라 압축된 표현으로 구체적이고 선명하게 의미를 드러낸다.

끙하며 돌아누우셨다지요
...중략...
이제 부처 스승님 똑 닮아 짚신짝 같은 귀로
온 세상 흐르는 구름 흘려듣다가도
새 울음 나무들 온몸 비트는 기지개 하품 소리 따위부터
바윗돌이 쩍 벌어지고 부스러져 자갈이 될 때까지도 일상인
꼭 닮은 제자가 치악산으로 떠났다는데
 ...중략...
언제 아 지금 하며 애들 모양
이파리뿐이랴 꽃처럼 아침녘 방문 열듯
어느새 일어나 곧추세우시곤 환한 손길 가만히 내미셨다가
 ...중략...
더는 나눌 수 없는 댓글 모양일지라도
끙하며 돌아누우셨다는 소식이 없으니
자갈이 부서져 티끌이 될 때까지도 일상인 치악산에

다들 그렇게들 가기는 간다지만
가기는 간다지만
먼지 티끌조차 머문 적 없는 치악산 자락이든 골이든
끌끌 혀를 차며 어느새 일어나 아이들 모양

먼지바람보다야 가루눈 긴 가뭄 끝에 여우비 꼴일지라도
이제 간다며 어느새 티끌조차 무거워
삭아버린 지푸라기 바람에 날리듯 간다는데
...중략...
*오랜 문우(文友)이며 때로는 선배이거나 동생이었던 고(故) 정두성 선생을 그리워하며
- 「치악산(雉嶽山)」 일부

치악산은 산 높고 골 깊은 산이다. 화자는 산의 절경을 읊는 것이 아니라 치악산을 닮은 문우를 그리워한다. 불가의 정진한 고승이 마땅치 않아 꿍하고 돌아앉은 모습에서 한 인물의 꼿꼿한 생의 자세를 엿보기도 하고, 때로는 아이들마냥 순수한 동심을 가진 그는 한 없이 너그러웠던 한 생애를 그리워한다. 모든 것을 비우고 떠난 사람을 어찌 가슴에 담고 살지 않겠는가.

세월이 흐르고 이별 따위가 헐거워
이제는 흐르는 나를 물처럼 보낼 수 있을까

더듬어 짐짓 나뭇잎 배든 종이배이든 그저 어느 행성
가본 적 없어서인가, 쓸쓸할지도 모를 등 뒤처럼 바라본 적 없을 가본 적 없을

아마 그림자 이거나 그림자
상상 속 제아무리 꿈속 손 뻗으면 마주했던 손이라 해도
그냥 나뭇잎 떠가는
흔들흔들 개울물 비치어 눈감아도 늘 눈부셔 아른거리는
- 「그냥 떠가는」 일부

최고의 선은 물과 같다고 했지 않은가. 흐르는 나를 물처럼 보내

고 싶다는 화자는 눈 감아도 늘 눈부시게 아름다운 물처럼 흐르고 싶다 한다. 살아가는 일은 인위적으로 힘을 쓰거나 억지로 앞서 가지도 말고 자연의 흐름에 따르는 길이다. 「발돋움의 기억이」에서는 시월막사리 해넘이께 흐르는 물이 막힐 강가를 발돋움하며 쳐다본다. 흔히 시월막사리가 지나면 강물이 얼어붙는다고 하는데 화자는 흐르지 못할 강물을 쳐다본다. 시인에게 흐르지 못하는 물은 안타까운 고통이다.

    잠들 수만 있다면
    그냥 다른 우주의 어느 은하 역시 변두리 까마득히 잊혀도 모를 어느 별 덕에

    깃들다 다시 겨울잠 오래 잘 수만 있다면
    점점이 사라질 수 있다면 꼭 전혀 다른 우주
    뉘도 모르는 은하 어느 구석 곧 사라진 행성에서 잠들다 사라질 수 있다면

                                       - 「겨울잠」 일부

물이 흘러가듯이 사람살이 끝나면 어느 행성에 닿아 잠들고 싶어 한다. 화자는 어딘가에 있을 행성에 가면 순수함만이 존재하여 나를 잊어버릴 수 있는 그곳에 닿고 싶어 한다. 인생은 알 수 없기에 홀로 고독하다.

9.

더 많은 시를 소개 하고 싶지만, 이쯤에서 마무리하고자 한다. 시인이 젊은 한때 머물렀을 공주의 밤은 몽환적이다. 별빛 물비늘 번지는 하늘은 금강의 별빛을 담고, 막걸리 밤새워 마시던 금강의 새벽 강가는 농무로 가득한 서정시를 내보인다. 한 폭의 수묵화를 보고 있다.

밤새워 뒤척이지 않아도

칠흑 어둠 속 금강 위
별빛 물비늘 은하 흐르다가
새벽안개로 내려앉아야 비로소 보이는
하늘의 속내를

이제껏 다 놓쳤어도
시목동(柿木洞) 어스름한 느티나무 아래
어부집 한 말들이 양동이 막걸리 위로 어느새
번쩍이는 별빛들 온 밤 설레었던
그 깊은 만만세(萬萬歲) 금강에 맺힌
짙은 농무(濃霧) 속을
이제는 가뭇할는지 몰라도
넋 놓고 건너다보아도 여전히 부릅뜬

아무리 깜깜해도
저녁샛별처럼
하나만 별 떠 있던 적 있었더냐며

- 「공주(公州)」 전문

저무는 노을 빛깔 머문 풍경 속 이규철 시인의 시의 행간을 서성이면 괜스레 눈물이 보인다. 누구나 사는 것이 만만치 않을 터인데, 시인은 시로써 승화한다. 가다듬고 고치며, 밤을 지새운 치열한 시정신이 떠오른다. 도심의 소시민으로서 사는 것이 마땅치 않아 지하철을 타도 내릴 곳을 몰라 홀로 서성이기도 한다. 때로는 위정자들을 향해 욕을 해보기도 하지만 이내, 자아의 세계로 돌아온다. 하여 훌쩍 길손처럼 떠돌며 아름다운 들꽃 속에서 빛나는 보석을 찾기도 하고, 때로는 그 먼바다를 보며 사는 것의 외로움과 쓸쓸함을 견디어낸다.

시인이 궁극적으로 표현하고 싶은 세계는 사람살이 속의 소소하고 사소한 삶이나, 소외된 존재에 대한 고통, 자연, 부처님의 언저리를 맴돌기도 한다. 눈물이 많은 시인은 우주의 본질적인 질문까지

심연 바닥 통찰력 있는 사고에 닿아 있다. 흐르는 물처럼 떠내려가 어느 행성에 닿아 긴 겨울잠을 자고 싶어 하는 작은 소망이 그가 시를 밀고 가는 힘이다. 외로움은 타인을 동반하지만, 시인은 그림자 속을 걷는 홀로 고독한 존재이다. 고독을 지혜롭게 다룰 줄 아는 사유의 힘은 뚜벅뚜벅 새로운 길을 걸어서 갈 것이다.

팔베개

ⓒ 이규철 2025

초판 1쇄 발행 2025년 9월 25일

지은이 | 이규철
펴낸이 | 박수찬

펴낸곳 | 도서출판 청산에
주소 | 강원특별자치도 홍천군 영귀미면 방량로 228-19
전화 | 033-436-8840
대표메일 | salaism@naver.com

ISBN: 979-11-993846-0-6(03810)

* 이 책의 일부 또는 전부를 재사용하려면 반드시 저작권자와 도서출판 청산에 양측의 동의를 얻어야 합니다.